سفر ہے شرط

(سفرنامے)

مرتبہ:

اعجاز عبید

© Taemeer Publications LLC

Safar hai Shart *(Travelogues)*
by: Aijaz Ubaid
Edition: July '2024
Publisher :
Taemeer Publications LLC (Michigan, USA / Hyderabad, India)

ISBN 978-93-5872-737-1

9 789358 727371

مرتب یا ناشر کی پیشگی اجازت کے بغیر اس کتاب کا کوئی بھی حصہ کسی بھی شکل میں بشمول ویب سائٹ پر اَپ لوڈنگ کے لیے استعمال نہ کیا جائے۔ نیز اس کتاب پر کسی بھی قسم کے تنازع کو نمٹانے کا اختیار صرف حیدرآباد (تلنگانہ) کی عدلیہ کو ہو گا۔

©تعمیر پبلی کیشنز

کتاب	:	**سفر ہے شرط** (سفر نامے)
مرتب	:	**اعجاز عبید**
پروف ریڈنگ / تدوین	:	اعجاز عبید
صنف	:	غیر افسانوی نثر
ناشر	:	تعمیر پبلی کیشنز (حیدرآباد، انڈیا)
سالِ اشاعت	:	۲۰۲۴ء
صفحات	:	۱۲۲
سرورق ڈیزائن	:	تعمیر ویب ڈیزائن

فہرست

(۱)	سرائے مغل سے بھائی پھیرو تک	6
(۲)	وادیِ لالہ زار	13
(۳)	فیجی۔۔ چڑھتے سورج کا پہلا سلام	24
(۴)	بلوچستان کے تعلیمی نظام کی ان کہی داستان	37
(۵)	کافر کوٹ کے کھنڈر	65
(۶)	آلو کھا کر آنسو جھیل دیکھیے	68
(۷)	قلعہ پھروالہ سے روات تک	80
(۸)	تلمبہ : پنجاب کا ایک تاریخی قصبہ	91
(۹)	ماموں شیر کا دربار	111

سرائے مغل سے بھائی پھیرو تک

محمد داؤد طاہر

لاہور سے تقریباً پچاس کلو میٹر دور واقع پھول نگر سے ذرا پہلے سڑک ایک راجباہ عبور کرتی ہے۔ وہ عوام میں 'نہر پر ناواں' کے نام سے معروف ہے۔ ایک پختہ سڑک اس راجباہ کے ساتھ ساتھ دائیں ہاتھ چلی جاتی ہے۔ سرائے مغل اسی سڑک پر بارہ کلو میٹر کے فاصلے پر واقع ہے۔ سرائے مغل کی تعمیر کا زمانہ سولہویں صدی بتایا جاتا ہے۔ نام سے بھی ظاہر ہے، یہ سرائے مغلیہ دور حکومت میں تعمیر ہوئی تاہم کسی ثبوت کی عدم موجودگی میں یہ کہنا مشکل ہے کہ اس کی تعمیر کا سہرا کس بادشاہ کے سر ہے۔

ماہرین آثارِ قدیمہ کے مطابق یہ سرائے ایک چوکور قطعہ اراضی پر تعمیر کی گئی جس کا ہر ضلع ۱۶۶ء۴ میٹر تھا۔ اس کی تعمیر میں چھوٹی اینٹیں استعمال ہوئی تھیں۔ اینٹیں کنکر اور چونے کے مصالحے سے چُنی گئیں۔ آج سرائے کی دیوار کہیں کہیں سے کھڑی ہے۔ اس کے کمروں میں سے بعض کی بنیادیں اب بھی دیکھی جا سکتی ہیں۔ کمرے مربع شکل کے تھے اور ان کا ہر ضلع سوا تین میٹر تھا۔ سرائے کے باقی ماندہ آثار پر کوئی نقش و نگار نہیں نہ ایسا کوئی کتبہ جس سے اس کی تاریخ کا کچھ سراغ مل سکے۔ اس کی موجودہ حالت انتہائی مخدوش ہے۔

میرا خیال تھا، سرائے مغل کی مسلمہ تاریخی اہمیت کے پیش نظر علاقے کا بچہ بچہ

اس سے پوری طرح باخبر ہو گا، لیکن یہ جان کر مایوسی ہوئی کہ مقامی لوگوں میں سے اکثر اپنے اس تاریخی ورثے سے بے خبر ہیں۔ حقیقت یہ ہے کہ ہم نے اڈے پہنچ کر کئی لوگوں سے سرائے کا محل و قوع معلوم کیا لیکن کوئی شخص سمجھ نہ پایا کہ ہم کس عمارت کی بات کر رہے ہیں۔ بالآخر گندم اور مونجی کی خریداری کے ایک مرکز میں موجود رانا ذوالفقار نے ہمارا مسئلہ حل کر دیا۔ اس نے بتایا۔ "میرا خیال ہے آپ اس سرائے کی بات کر رہے ہیں جو سنتے ہیں کبھی یہاں ہوا کرتی تھی۔ وہ سرائے تو نہ جانے کب صفحہ ہستی سے مٹ چکی، کم از کم میں نے اپنی زندگی میں نہیں دیکھی۔ ہاں! اس کا ایک دروازہ ابھی تک کھڑا ہے"۔

"ہم وہی دروازہ دیکھنا چاہتے ہیں" میں نے تکلفانہ جواب دیا" آپ کو زحمت تو ہو گی لیکن ہمیں وہاں لے چلیے۔"

اگرچہ رانا ذوالفقار کی دکان اور سرائے مغل کے درمیان فاصلہ زیادہ نہ تھا لیکن ٹوٹی پھوٹی سڑک پر بارش کا پانی بکثرت جمع تھا۔ لہٰذا ہم بمشکل تمام ایک جگہ پہنچ کر گاڑی سے نیچے اترے اور پیدل گلی میں سے ہوتے ہوئے اس کے دوسرے سرے پہنچے جہاں سرائے مغل کا واحد دروازہ کھڑا ہے۔ اب لکڑی کا وہ دروازہ تو موجود نہیں جو رات کے وقت بند کر دیا جاتا تھا البتہ وہ محراب موجود ہے جس کے اندر وہ نصب ہو گا۔ چھوٹی اینٹ سے تعمیر شدہ یہ دروازہ بھی چند دنوں کا مہمان نظر آتا ہے۔ زلزلے کے کسی معمولی جھٹکے، زور دار آندھی یا شدید بارش کے زیر اثر وہ نہ جانے کب زمین بوس ہو جائے گا۔ اگر دروازے یا اس کے اطراف تعمیر شدہ جھروکوں پر کوئی نقش و نگار تھا تو اس کا کوئی نشان باقی نہیں رہا۔ اس کی استر کاری بھی قصہ پارینہ بن چکی۔

سرائے مغل کے معدوم احاطے میں لوگوں نے اپنے مکانات تعمیر کر رکھے ہیں۔

کوئی نہیں جانتا کہ یہ کس زمانے میں تعمیر ہونا شروع ہوئے۔ ہم پھر اس ہشت پہلو مزار کی طرف نکل گئے جس کا ذکر محکمہ آثارِ قدیمہ کے ریکارڈ میں 'سرائے ٹومب" کے طور پر کیا گیا ہے۔

نہ شمع، نہ فانوس، نہ بتی، نہ دیا

اس گنبد دار مزار کے اندر کون دفن ہے؟ کوئی نہیں جانتا۔ مزار کی استر کاری عمومی طور پر سلامت ہے تاہم زمین سے کم و بیش چار چار فٹ تک پلستر اتر کر اینٹیں نمایاں ہو چکی ہیں۔ داخلے کے لیے صرف ایک ہی دروازہ ہے۔ مزار کی منڈیر پر ایک جگہ مدھم سا ایک رنگ باقی ہے جس سے گمان ہوتا ہے کہ بیرونی دیواروں پر بھی کسی نہ کسی شکل میں نقش و نگار تھے۔

"میں نے اپنے ہوش میں یہاں دو قبریں دیکھی ہیں۔" وہاں کے رہائشی، کرامت نے بتایا "یہ درست ہے کہ ان قبروں پر سنگِ مرمر کا تعویذ نہیں تھا لیکن وہ صحیح سالم تھیں۔ آہستہ آہستہ کوئی ان کی اینٹیں بھی اکھاڑ کر لے گیا۔"

قبروں کے نشانات سے ظاہر ہے کہ ایک قبر گنبد کے مرکز میں تھی اور دوسری اس کے دائیں ہاتھ۔ بائیں ہاتھ والی جگہ خالی پڑی ہے۔ اس سے اندازہ ہوتا ہے کہ یہ مقبرہ کسی معروف شخصیت کی قبر پر تعمیر ہوا اور بعد میں کسی اور کو اس کے دائیں ہاتھ دفن کر دیا گیا۔ یہ بھی ممکن ہے کہ فی الاصل بائیں ہاتھ بھی کوئی قبر ہو جو آہستہ آہستہ صفحہ ہستی سے بالکل مٹ گئی۔ مزار کی دیواروں پر پودوں، پھولوں اور اقلیدسی اشکال میں بہت خوبصورت نقش و نگار تھے جو اب کہیں کہیں نظر آتے ہیں۔ مزار کے دروازے اور باقی تین اطراف میں تعمیر شدہ خوبصورت محرابوں پر آیۃ الکرسی اور سورۃ اخلاص لکھی تھی۔ تاہم اب یہ تختیاں ٹوٹ چکی ہیں اور ان آیات کا کچھ حصہ ہی پڑھا جا سکتا ہے۔ "میرے

والد کے پاس ایک بار ایک شخص آیا تھا۔ اس کے پاس رہنے کی کوئی جگہ نہ تھی چنانچہ انہوں نے اس دروازے پر جواب بغیر کواڑ کے ہے، لکڑی کے پٹ لگوا دیے۔،، کرامت نے مزید بتایا" وہ آدمی یہاں طویل عرصہ رہا لیکن پھر اچانک نہ جانے کہاں چلا گیا۔ بعد میں کسی نے لکڑی کے یہ پٹ بھی اکھاڑ لیے۔"

"مقامی ہونے کے ناتے آپ کو تو سرائے مغل کے بارے میں خاصی معلومات حاصل ہوں گی۔" میں نے دریافت کیا۔ "میں یہی جانتا ہوں کہ یہ ایک قدیم آبادی تھی جس کا نام نوشہرہ بتایا جاتا ہے۔ ایک بار ایک آرائیں کو اپنے گھر کے اندر مٹی کھودتے ہوئے طلائی سکوں سے بھرا ایک برتن ملا۔ اس نے یہ سکے بیوی کو دھونے دیے۔ وہ بے چاری باہر بیٹھی سکے دھو رہی تھی کہ گجروں کا ایک لڑکا سکے اس سے چھین کر لے گیا۔ بات تھانے تک جا پہنچی۔ پولیس نے گجروں کے گھر پر چھاپہ مار کر یہ سکے برآمد کر لیے۔ پھر ان سکوں کا کیا ہوا؟ کسی کو نہیں معلوم۔ اور ہاں! پرانی لکھاں والی سڑک جو لاہور سے ملتان جاتی تھی، پاس سے ہی گزرتی تھی۔"

" لکھاں والی سڑک؟"

"جی! لکھاں والی یعنی وہ سڑک جس پر لکھ بچھا دیے جاتے تاکہ مسافروں کو دوران سفر گرد و غبار یا کیچڑ کی وجہ سے زیادہ تکلیف نہ ہو۔"

سرائے ٹومب سے واپسی پر ہم پھول نگر رک گئے جو اب بھی عام طور پر اپنے پرانے نام، بھائی پھیرو سے پہچانا جاتا ہے۔ اس کا نیا نام بھائی پھیرو کی اہم شخصیت، رانا پھول محمد کے نام پر پڑا ہے۔ اُتّم رکھ لینے سے اونچا ہوا نہ کوئی

سکھ روایات کے مطابق یہاں گھی کا ایک تاجر سنگتیا رہا کرتا تھا۔ اس کا کاروبار خاصا وسیع تھا اور مال دور دور تک جاتا تھا۔ ایک بار کچھ گھی کرتار پورہ بھجوانا تھا کہ سکھوں کے

ساتویں گورو، گورو ہر رائے کے ایک مرید خاص نے اچانک وہاں پہنچ کر سارا گھی خریدنے کی پیش کش کر دی۔ سنگتیا کو یہ سودا سود مند نظر آیا چنانچہ اس نے گھی گاہک کے حوالے کر دیا اور مشکیزے خالی کر کے دکان میں لٹکا دیے۔ اگلے روز سنگتیا اپنی دکان پر پہنچا تو یہ دیکھ کر حیران رہ گیا کہ اس کے مشکیزے پہلے کی طرح گھی سے بھرے ہیں۔ سنگتیا اسی الجھن میں گورو ہر رائے کے پاس پہنچا اور اس بات کی تصدیق کے بعد کہ یہ سب ان ہی کی نظر کرم کا نتیجہ ہے، وہ ان کا چیلا بن گیا۔ گورو ہر رائے نے اسے سکھ مذہب میں داخل کر لیا اور اس کا نیا نام "بھائی پھیرو" رکھا۔

بھائی پھیرو کا انتقال پھول نگر میں ہوا اور یہیں اس کا سمادھ بنا۔ بعد میں یہاں ایک گوردوارہ تعمیر کر دیا گیا جو گوردوارہ سنگت صاحب کہلاتا ہے۔ پنجاب یونیورسٹی، پٹیالہ کی طرف سے شائع کردہ انسائیکلوپیڈیا آف سکھ اِزم کے مطابق اس گوردوارہ کے لے دو ہزار سات سو پچاس ایکڑ اراضی وقف تھی۔

آج سکھوں کی یہ تاریخی عبادت گاہ مختلف ادوار میں تعمیر ہونے والی تین عمارتوں یعنی گوردوارے، بھائی پھیرو کی سمادھ اور ایک چھوٹی سی عمارت میں منقسم ہے۔ عمارت پر کوئی ایسا کتبہ یا نشان موجود نہیں جس سے اس کی نوعیت کا اندازہ ہو سکے۔ ممکن ہے یہ مہمان خانہ ہو۔ فی الوقت اس کی تمام چھتیں گری ہوئی ہیں۔

جب ہم یہ عمارت دیکھنے اندر داخل ہوئے تو ملبے کے ڈھیر پر بیٹھی بڑے قد کاٹھ کی ایک سیاہ بلی نے غرا کر میری جانب دیکھا لیکن پھر بے خوف و خطر اپنی جگہ بیٹھ گئی اور خلاف توقع ٹکٹکی باندھ کر مجھے دیکھنے لگی۔ اسے دیکھ کر مجھے نہ جانے کیوں ان بد روحوں کا خیال آ گیا جو ایک روایت کے مطابق ویرانوں اور پرانی عمارات میں بھٹکتی پھرتی ہیں۔ ایک انجانے سے خوف کے تحت میرے جسم نے جھرجھری لی۔ ویسے بھی ملبے کے اس

ڈھیر میں رُک کر دیکھنے والی کوئی چیز نہ تھی لہٰذا ہم جلد سمادھ کی طرف جا نکلے۔

حیرت انگیز بات یہ تھی کہ پچھلے ساٹھ برس میں سمادھ کی دیکھ بھال نہ ہونے کے باوجود وہ جوں کی توں قائم ہے۔ اس کی سبھی دیواریں، چھتیں، دروازے اور کھڑکیاں سلامت ہیں۔ سمادھ سطح زمین سے چند فٹ نیچے ہے چنانچہ بجلی کا انتظام نہ ہونے کی وجہ سے اس کا عقبی حصہ مکمل طور پر تاریکی میں ڈوبا ہوا تھا۔ رہی سہی کسر فرش پر کوڑا کرکٹ کے ڈھیروں، چھت کے ساتھ لٹکے ہوئے جالوں، بھڑوں کے چھتوں اور حشرات الارض کے خوف نے نکال دی تھی۔

سمادھ کی عمارت تین منزلہ ہے۔ سمادھ سب سے نچلی منزل پر ہے۔ یہاں سے سیڑھیاں دوسری منزل پر جاتی ہیں۔ تیسری منزل کے ماتھے پر دو گنبد ہیں جبکہ چوتھی منزل پر جو صحن کی شکل میں ہے، سمادھ کے اوپر قدرے بڑا گنبد بنا ہوا ہے۔ تین گنبدوں والی یہ عمارت دور سے تو خاصی خوبصورت نظر آتی ہے لیکن اپنے مجموعی خوبصورت تاثر کے باوجود اس کے اندر یا باہر کسی قسم کے نقش و نگار باقی نہیں۔ ہاں! عمارت کی ایک دیوار پر مٹے مٹے سے نیلے، پیلے اور سرخ نقوش سے اندازہ ہوتا ہے کہ اپنی اصل شکل میں یہ عمارت خوبصورت نقش و نگار سے مزین ہو گی۔

جب میں عمارت سے باہر نکلا تو میرے دوست، مجید نے بتایا: "اس سمادھ کے نیچے سرنگیں ہوا کرتی تھیں۔ کم و بیش تیس سال پہلے کچھ بچے یہاں کھیل رہے تھے۔ ان میں سے ایک بچہ کسی سرنگ میں جا گھسا اور پھر کبھی باہر نہ آ سکا۔ اس حادثے کا شہر میں بڑا چرچا ہوا جس کے بعد ان سرنگوں کے منہ اینٹوں سے مستقل بند کر دیے گئے۔"

"یہ سرنگیں جاتی کہاں تھیں؟" میں نے پوچھا

"معلوم نہیں۔ ہو سکتا ہے سکھوں کی کسی کتاب میں کچھ ذکر ہو لیکن عوام میں یہ

بات مشہور تھی کہ یہ سرنگیں بہڑوال جاتی ہیں۔"

"وہ تو یہاں سے کافی دور ہے؟"

"اگر مغلیہ دور میں لاہور سے دلی تک سرنگیں جا سکتی تھیں تو بھائی پھیرو سے بہڑوال کا فاصلہ کیا معنی رکھتا ہے!"

"لیکن ان سرنگوں کی تعمیر کا مقصد کیا تھا؟"

"کہتے ہیں، یہ سرنگیں سکھوں کے معزز خاندانوں کی خواتین بہڑوال سے آمد و رفت کے لیے استعمال کرتی تھیں۔ لیکن یہ سب سنی سنائی باتیں ہیں، اصل بات کیا ہے، یہ تو صرف خدا ہی جانتا ہے۔"

اس گوردوارے کی حالت اکثر دوسرے گوردواروں سے بدرجہا بہتر ہے۔ پر کاش استھان خاصی اچھی حالت میں ہے۔ کمروں کی چھتیں بھی قائم ہیں البتہ بعض دیواروں میں دراڑیں پڑ چکی ہیں۔

"یہ عمارت تو بہت خستہ حالت میں تھی" مجید نے بتایا "اس کی چھتیں گر گئی تھیں اور بارش کا پانی اندر آ جاتا تھا۔ کچھ سال پہلے حکومت کی طرف سے اس کی مرمت کے لیے خصوصی امداد آئی تھی۔"

مجید کی بات سن کر مجھے احساس ہوا کہ پر کاش استھان کے علاوہ جس کی چھت لکڑی کے موٹے موٹے شہتیروں پر کھڑی ہے، باقی تمام کمروں کی چھتیں نئے سرے سے ڈالی گئی ہیں۔ میں نے سوچا "کاش مرمت کرانے اور کرنے والوں نے اپنی ذمہ داری کا کچھ ہی احساس کر لیا ہوتا۔ انہوں نے بدانتظامی اور بددیانتی کے امتزاج سے ایسی گھٹیا تعمیر کی ہے جو خود ہماری اپنی آنکھوں میں بھی ہمیشہ کھٹکتی رہے گی۔"

٭ ٭ ٭

وادیِ لالہ زار

سیّد ظفر عباس نقوی

آوارہ پن کا مظاہرہ کرتی، گلابی رنگ کے جنگلی گلاب کی خوشبو، قریب قریب سر پر ٹکے گھیراؤ کرتے بادلوں کی حد سے زیادہ گھن گرج، گھڑ سواری کے دوران نیچے کی کھائیوں کا سفر، وادی لالہ زار کے ہوٹل میں تیار کردہ لذیذ دیسی انڈوں کا ناشتا، دیسی گھی میں بنی دیسی مرغ کڑاہی، ڈھلوانوں کے نواح میں پھیلے "بھوج پتر" کے جنگلات، ہوٹل کی کھڑکیوں میں سے باہر مصوری کے نمونے جیسے مناظر سے خوشگوار الجھاؤ، رنگا رنگ پھولوں کے قدموں تلے آتے رہنے والے ان گنت گچھے، مدہوشی بھری لطف آمیز دماغ کو تر و تازہ کرتی یہاں کے پانچ رنگے جنگلی گلابوں کی خوشبو، پورے چاند کی خنک راتوں میں تمام اطراف ہو کا عالم، مقامی لوگوں کے کچے عارضی مکانات جن میں وہ اپنے مویشیوں کے ساتھ رہتے ہیں، سر سبز گلزاروں میں گھومنے کے بعد طاری ہوتا کیف، سر مستی کی انوکھی کیفیت اور ٹھٹھری ٹھٹھری کائنات میں عالم غنودگی، غم جہاں اور غم جان سے دور ٹھہرا ٹھہرا بے ساختگی بھرا سہانی گھڑیوں سے بھرپور عالم، سیاحوں کو زندگی بھر اس جنت نگری کی یاد دلاتے رہتے ہیں اور ہماری فطرت پسند آنکھیں اُس لمحے سے دوبارہ شناسائی چاہتی ہیں جب لالہ زار کی درخشاں خوبصورتی نگاہوں کے فطری حسن کی پیاس بجھانے میں کامیاب ہو جاتی ہے۔

کاغان کو حسین کیوں کہا جاتا ہے ؟اس بات کا احساس ہمیں بالا کوٹ سے ۱۰۴ کلو میٹر دور اور ناران سے ۱۸ کلو میٹر دور لالہ زار کی زمردیں ڈھلی ڈھلائی چوٹی کی جادو بھری نگری اور برف زاروں میں آکر جلد ہو جاتا ہے۔ یہاں سے ملکۂ پربت (جھیل سیف الملوک پر متمکن ۱۷۳۰۰ فٹ بلند چوٹی) عقبی جانب سے دکھائی دیتی ہے۔اس کے پیش منظر میں کہیں بلند کہیں کم بلند گھاس کے قطعات، ان میں مٹیالی لہراتی افق کے دھند لکوں میں ڈوبتی اوپر ہی اوپر رواں دواں پگڈنڈیاں اور یہاں پر چرتی آزاد بھیڑ بکریاں اور خچر قیامت خیز، فسوں انگیز نظارہ پیش کرتے ہیں۔ لالہ زار میں پیدل سفر کرتے، اپنے سنگ یادوں کے میلے کی بارات لیے، ناقابل اعتبار بارش میں بھیگ کر سیاح پگڈنڈیوں کے بدلے بدلے مناظر سے روشناس ہوتے ہیں۔ایسے میں سرد، تند ہواؤں سے بچاؤ، ارد گرد کے مناظر کو دیکھنے کی خواہش پر غالب آجاتا ہے اور گرم چادر اوڑھے بغیر چارہ نہیں ہوتا۔

اسلام آباد سے پشاور روڈ پر آتے ہوئے حسن ابدال پہنچ کر ہری پور جانے والے راستے پر مڑ جائیں۔یوں آپ شہر سبزہ گل ایبٹ آباد سے ہوتے ہوئے مانسہرہ (۲۵ کلو میٹر کا فاصلہ) پہنچ جائیں گے جہاں سے کاغان روڈ جبہ بائی پاس شاہراہ ریشم سے الگ ہو کر آپ کو تاریخی لیکن تباہ حال بالا کوٹ، گھنول، کیوائی، پارس، فرید آباد، مہانڈری، کھنیاں، کاغان سے گزارتی کاغان کی سیاحت کے مرکزی بیس کیمپ ناران پہنچا دے گی۔ ہم پنڈی سے اپنی گاڑی نہ ہونے کی صورت میں پی ٹی ڈی سی کی روزانہ صبح ۹ بجے روانہ ہونے والی لگژری کوچ میں بھی ناران پہنچ سکتے ہیں۔ یہ سفر تقریباً ۱۰ گھنٹے میں طے ہوتا ہے اور اس کا کرایہ ۵۰۰ روپے فی کس ہے۔ اس کے علاوہ پنڈی سے مانسہرہ اور وہاں سے بالا کوٹ اور پھر ناران تک کا سفر گاڑی بدل بدل کر بھی کیا جاسکتا ہے۔ ناران سے روانہ ہوتے ہی نالہ سیف الملوک پر بنے آہنی پل کو پار کر کے پی ٹی ڈی سی کے ہوٹل کے قریب سے گزر کر

ہم ناران کی وسیع وادی میں گزرتے ہوئے تحیّر میں ڈوب جاتے ہیں۔ بٹہ کنڈی میں لالہ زار کی چڑھائی سے کچھ قبل سڑک کے دائیں طرف ایک کئی سوفٹ 'سوہنی، نامی آبشار کا نظارہ اپنے ہمراہ خوشبو بھری خوشگوار سرد لمس سے بھری ہوائیں لیے ہوتا ہے۔ ناران سے لالہ زار آتے ہوئے دتمتمہ، ڈاک بنگلہ، شٹر سونچ، سوچا اور سوہنی کے سرسبز آلو اور موٹھ کے کھیتوں والے مقامات سے گزر ہوتا ہے۔

وادی لالہ زار تک ناران سے بٹہ کنڈی پہنچ کر کئی پیدل راستے بھی آتے ہیں جو مہم جو اور پیدل سفر کرنے کے شوقین افراد کیلئے بھرپور مواقع فراہم کرتے ہیں۔ ان راستوں میں اولین بٹہ کنڈی سٹاپ سے عین اوپر کی طرف " چھریال " کے راستے آرام گھر تک بالکل عمودی چڑھائی والا تھکاوٹ آمیز راستہ ہے۔ دوسرا راستہ بٹہ کنڈی سے ڈوگی اور لاواں سے 'شارٹ کٹ، ہے۔ تیسرا راستہ ہنس گلی، ڈنہ دوریاں اور تمبو والا ڈھیر سے ہوتا ہوا وادی میں اترتا ہے۔ یہ راستے گھوڑے یا خچر پر بھی طے کیے جاسکتے ہیں۔ خچر والے تقریباً ۲۰۰ تا ۳۰۰ روپے فی کس لیتے ہیں۔ چیلاس کاغان شاہراہ پر واقع بٹہ کنڈی سے جیپ کا راستہ آدھ گھنٹے کا ہے۔ مسلسل چڑھائی، نیچے دریائے کنہار اور گہری کھائیوں کی بدولت سرد اور خنک موسم کے باوجود سیاحوں کے ماتھوں پر پسینے کے قطرے دیکھے جاسکتے ہیں۔ بارش اور طغیانی کے بعد ڈرائیور حضرات بھی ان راستوں سے گھبراتے ہیں۔ اور اگر انہیں آنا پڑے تو کیچڑ بھرے راستوں پر چلتے ہوئے ان کے چہروں پر پریشانی بھری لکیریں دیکھنے میں عام ملتی ہیں۔ کئی بار تو مسافر حادثات سے بھی دوچار ہو چکے ہیں۔ ضرورت اس امر کی ہے کہ یہاں تک پختہ سڑک فوری تعمیر کرائی جائے تاکہ سیاح بے خوف و خطر یہاں کے نظاروں سے اپنی آنکھوں کو ٹھنڈک پہنچائیں۔ جب سورج کی روپہلی کرنیں دور بلند چوٹیوں پر پڑتی ہیں تو لالہ زار کا آنکھوں کو خیرہ کر دینے والا حسن

پوری آب و تاب سے جلوہ گر ہوتا ہے۔ اصل دیدہ زیبی اس وقت نمایاں ہوتی ہے جب سر سبز ڈھلوانوں پر طلوع ہوتے سورج کی کرنیں بادلوں میں جھانکتی ہوئی پٹیوں کی صورت میں مشرق سے نمودار ہوتی ہیں۔ سیاہ بادلوں میں سورج منہ چھپائے لالہ زار پر یہاں وہاں سایہ فگن رہتا ہے اور ہمارے دل کی دھڑکن ہمارے اختیار سے باہر ہو جاتی ہے۔ کوئی قتل نہیں ہوا۔ غربت کے باوجود چوری چکاری کے واقعات بھی شاذ و نادر ہیں۔ لوگ زیادہ تر ترکاری اور پنیر سے بنے کھانوں پر اکتفا کرتے ہیں۔ اہم مقامی کھانوں میں بت فا (باتھو) لانگڑ، بل پیخیچا، تروتڑا، سونچل (شلغم) کیری، شیلی، کٹ کلاڑی، شیری، کڑھم شامل ہیں۔ میٹھے میں نشاستہ (حلوا) شیرہ (مکئی کے آٹے اور لسی، دیسی گھی کا تیار شدہ آمیزہ) کیری زیادہ مقبول ہیں۔ مشروبات میں لسی (بگوڑا) بہت پسند کی جاتی ہے۔ ٹراوٹ مچھلی اور بکرے کا گوشت خاص ڈشز کے طور پر تیار کیے جاتے ہیں۔

لالہ زار کے تقریباً ۸۵ تا ۱۰۰ پتھر اور لکڑی کے بنے ۴ تا ۵ کمروں پر مشتمل گھروں میں موسم گرما میں ہی باشندے آباد ہوتے ہیں۔ یہ افراد اپنے مویشیوں کے ہمراہ سر سبز چراگاہوں اور آلو کی فصل کاشت کرنے کی غرض سے یہاں کا رخ کرتے ہیں۔ سرما کے اوائل میں ہی یہ افراد گڑھی حبیب اللہ کے سیری ٹاؤن میں جا کر آباد ہو جاتے ہیں اور واپسی پر یہاں سے نادر جڑی بوٹیاں بھی اپنے ہمراہ لے جاتے ہیں جو قدر دان سنیاسیوں کے دواخانوں کی رونق بڑھاتی نظر آتی ہے۔

لالہ زار کے علاقے میں جابجا جانور چراتے سواتی، افغانی قبائل سے تعلق رکھنے والے حضرات باربردار خچروں کو اپنے ہمراہ لیے محو سفر نظر آتے ہیں۔ ان کے خچروں کی کمروں سے چپکے ہوئے لاتعداد بچے، بھڑکتے رنگوں کی کشیدہ کاری کے اعلیٰ نمونوں کے حامل کپڑے زیب تن کیے، چاندی کے بھاری بھر کم زیورات پہنے خوبصورت خواتین

میدانی اور ساحلی علاقے کے سیاحوں کو نئی تہذیب سے روشناس کراتے ہیں۔ وادی لالہ زار میں اقامتی سہولتوں میں اولین محکمہ جنگلات کا آرام گھر ہے جو ۱۹۵۶-۵۸ کے دوران سرکاری افسر غلام فاروق کی زیر نگرانی تعمیر ہوا۔ اسے بھی زلزلے سے نقصان پہنچا لیکن کسی حد تک یہ قابل استعمال ہے۔ اس کی مرمت کا منصوبہ ہنوز طاق نسیاں کی زینت لگتا ہے۔ اس کو لالہ زار کے دلفریب مناظر سے ذرا دور کچھ اس طرح تعمیر کیا گیا تھا کہ سیاحوں کا لالہ زار کے ٹیلے پر چڑھتے ہی اس کی خوبصورتی سے پالا پڑتا۔ کہا جاتا ہے اس آرام گھر میں صدر ایوب بھی ٹھہرے، لیکن آجکل دو تین نئے ہوٹلوں کی تعمیر سے لالہ زار کے مناظر پر گویا مخمل پر ٹاٹ کے پیوند لگا دیئے ہیں۔ اس آرام گھر کا چوکیدار "کاکا" سیاحوں کی خدمت میں کوئی کسر اٹھا نہیں رکھتا اور اپنی مدد آپ کے تحت آرام گھر کی مرمت کر رہا ہے۔

لالہ زار میں لنڈی مال، موہری، ڈھیر، ہانس ناڑ، کیلیئے بہک، دڑویاں والی بہک، لچھیاں والی مالی، کھڑے والی مالی، ہچا، کھڑ امالی، جبر والی مالی، اپر والا ڈنہ، ہلد اجبہ، ڈونگی والی مالہ، نامی بلند چراگاہیں اپنی سبز گھاس اور جانوروں کا پیٹ بھرنے کی صلاحیت کے باعث خاصی مشہور ہیں۔ اس کے ساتھ ساتھ لالہ زار میں گھنے جنگلات سے ڈھکی ڈھلوانیں اور میدان بھی بکثرت ہیں۔ زیادہ اہم علاقے مرہری، نالئی نالہ، سوہنی، خلای بن، سونچ، تمتمہ، شیلی والا بیلا، ڈبلوکاں، بانسہ، بڑوی، درنڈہ، بنگلیاں اور گٹاں مشہور میدان ہیں۔ لالہ زار کے قریبی دکھائی دینے والے پہاڑوں کے نام مقامی زبان میں رکھے گئے ہیں۔ (مقامی) نانگا پربت، کوہ نور، جنوں والی پہاڑی، دیو والی پہاڑ (دیومالائی خصوصیات کی وجہ سے یہ نام پڑا) شانک والا پہاڑ، گلیشیر والی باڑ، دھند والی باڑ (اس پہاڑ پر عموماً دھندلا موسم رہتا ہے) کھل ہٹ والی پہاڑی، لیدہ والی، نسری، لنڈی والی، بٹ والی، دیوانے فراکی پہاڑی (ایک

محبت کی داستان کی بدولت یہ نام) چٹان والی اور نیلم زیادہ اہم اور وادی کی ہر جگہ سے نظر آنے والی نوکیلی پہاڑی چوٹیاں ہیں۔

وادی لالہ زار میں پتریس کٹھ، چورا، کوڑھ، گگل دھوپ، برجمونی، ڈنگ سونچل، گولڑی، بٹ میوہ، چاؤ، جوگی بادشاہ، چوٹیال، ہنیرہ، کن چھاری، دھرتی کنڈہ نامی جڑی بوٹیاں مختلف امراض کیلئے بہت مؤثر ہیں۔ تل، دیار، بہاڑ، کچھل سلئی، کیلو، پرج کے درخت لالہ زار کے پہاڑوں کی دیدہ زیبی بڑھانے میں معاون ثابت ہو رہے ہیں۔

مقامی گلوکار لالہ زار میں سادگی سے تیار کرائے گئے موسیقی کے آلات "دشنکاہ" اور بانسری کی دھنوں پر گیت گاتے ہیں اور دیگر حاضرین ذوق و شوق سے ان پر رقص کرتے ہیں۔ یہاں کے تمام نوجوان شعر و شاعری اور گلوکاری میں حد درجہ دلچسپی لیتے ہیں۔ اپنا زیادہ تر وقت داستانیں سنانے، واقعات پڑھنے، جدید شہریوں کے طرز حیات کو زیر بحث لانے، ہنسی مذاق، اپنے معاشقوں کے قصے بیان کرنے، بانسری سننے سنانے، سیاحوں کیلئے 'اناڑی راہنما، کا کام کرنے یا کسی چھوٹے موٹے کاروبار (مہنگے داموں اشیائے خورو و نوش کی فروخت) کرتے گزارتے ہیں۔ مقامی خواتین اپنے گھریلو استعمال کیلئے چھڑیاں، ٹوپی، مفلر، چادریں وغیرہ کڑھائی کرتی ہیں۔ وہ اپنے گھریلو استعمال کیلئے کڑھی ہوئی چادریں، بستری چادریں، میز پوش بناتی ہیں۔ انہیں جدید منڈی سے منسلک کرنے سے قبل مقامی خواتین کو بہتر دستکار بنانے کی بہت ضرورت ہے۔ سطح سمندر سے ۸ تا ۲۱ ہزار فٹ بلندی پر پایا جانے والا "بھوج پتر" ایک سست روی سے بڑھنے والا درخت نباتاتی وجنگلاتی علوم میں دلچسپی رکھنے والے حضرات کے دلچسپ مطالعہ کا باعث ہے۔ 'دیوانے کے پہاڑ، کے قریب ایک گھوڑا نما بت بھی موجود ہے جس کے متعلق دیو مالائی کہاوتیں مشہور ہیں۔ کئی دیگر معدنیات کے علاوہ لالہ زار کی پہاڑیوں میں سنگ مرمر اور یاقوت

نکلنے کے روشن امکانات ہی لالہ زار میں مارخور کا شکار بڑے ذوق سے کیا جاتا ہے۔ یہ عموماً برف کے تودوں پر کھڑے نظر آتے ہیں۔ نواحی علاقے میں چکور، کالے اور سرخ ریچھ، شیر، چیتا، ہمالیاتی تیتر، جنگلی کبوتر، لنگاڑی، چیتا (دھبوں والا)، بھورار یچھ، پلڑی (مونث بن مانس) ہربانو (بن مانس)، بوجنا (بندر) نول، کھن چوہا، رونس (کستوری والا ہرن) اور کِل بکری وافر تعداد میں پائے جاتے ہیں۔ مقامی پرندوں میں زیادہ اہم کونک، بھڑرا، بن ککڑ، جنگلی کبوتر، فاختہ، ڈھبری، مرغابی، جگ باجھیا (شاہین/عقاب) کالا کوا، شنوڑی (چڑی) جانو چڑی، لم دمہ، (دم دار) پھتہ، پیلی چڑی، شارک، بلبل، ابابیل وغیرہ اہم ہیں۔ پیلے سینے والی چڑیا کی چہچہاہٹ ہو یا گلیشیروں کے سرکنے کی آواز، خچروں کے ٹاپوں کی آواز ہو یا جیپوں کے بھونپو، لالہ زار اپنے سکوت کو برقرار رکھنے کی جنگ ہر دم جاری رکھتا ہے۔ سوہنی آبشار، ڈوگی، ڈک، کنڈورنا، چھمبری والا آبشار لالہ زار کی اہم اور نمایاں آبشاریں ہیں۔ پچھی جھیل، سیرن جھیل، ہانس جھیل برساتی پانی سے بھری صاف پانی کی برفیلی جوہڑ نما جھیلیں بھی اپنے پانی میں برف پوش چوٹیوں کا عکس لیے سیاحوں کیلئے خوبصورتی کی مثالی تصویر بنے سیاحوں کی منتظر ہیں۔

اس وادی میں مرگ کے موقع پر وفات والے گھر میں ۳ یوم تک کھانا نہیں پکتا بلکہ اسے ہمسایوں کی طرف سے کھانا فراہم کر کے اس کے غم میں برابر شرکت کی جاتی ہے۔ فوتگی پر پورے علاقے میں موسیقی سننا ممنوع قرار پاتا ہے۔ ہر ساتویں یوم (ختم خیرات) کیا جاتا ہے چالیسواں بھی عام ہے۔ کم عمری کی شادی اور یہاں اوسطاً فی خاتون ۱۰ تا ۱۲ بچے جننے کا راسخ رواج ہے۔ ایک دو معاملات تو ایسی خواتین کا بھی بتلایا گیا جنہوں نے ۱۸، ۱۸ بچے پیدا کیے ہیں۔ اس ضمن میں زچہ کی اچھی صحت کے تصور کا فقدان ہے۔ اس وادی میں زیادہ سے زیادہ حق مہر لکھوانے کا رواج ہے۔ لڑکے والے کافی زیورات لڑکی کی نذر

کرتے ہیں۔ لڑکی کو ڈولی میں لے جانے کا رواج آج بھی موجود ہے۔ رخصتی کے ۳ یوم بعد تک بھی لڑکے لڑکی کو باہم دور رکھا جاتا ہے۔ لڑکا اپنے گھر میں اپنے والدین کے سامنے کئی سالوں تک اپنی بیوی کے قریب نہیں بیٹھ سکتا۔ لالہ زار کے سبزہ زار رومان کا مثالی موقع فراہم کرتے ہیں۔ ہر نوجوان کے لبوں پر کسی نہ کسی محبوب کے وصال کے تذکرے وافر پائے جاتے ہیں۔ یہاں کے مرد اگرچہ مرد عورت کے آزادانہ میل جول کو ناپسند کرتے ہیں اور اس میل جول پر جوڑے کو دار فانی کی طرف روانہ کر دینے کے دعویدار بھی ہیں، لیکن رومانوی داستانوں کی کثرت کے مقابلے میں غیرت کے نام پر قتل کی تعداد نہ ہونے کے برابر ہے۔ لالہ زار جیسے دل جکڑنے والے پر فضا مقام پر بجلی، ٹیلی فون، بنیادی مرکز صحت، اچھے سکول کا نہ ہونا حیرت کے ساتھ ساتھ باعث افسوس بھی ہے۔ وادی میں جنگلات کی چوری چھپے کٹائی، نکاسی آب کا عدم انتظام، زچہ بچہ کے علاج کی سہولیات کے فقدان جیسے مسائل آبادکاروں کے دل میں غم و غصہ اور احساس کہتری کا باعث بن رہے ہیں۔ لالہ زار تک پختہ سڑک یہاں کی سیاحت کو بہت ترقی دلا سکتی ہے۔ اگرچہ یہاں صرف ایک پرائمری سکول ہے لیکن لالہ زار میں میٹرک افراد کی تعداد تقریباً ۱۵۰ ہے۔ لڑکیوں کی تعلیم کے سلسلے میں مقامی سطح پر اپنی مدد آپ کے تحت کچھ کرنے کی ضرورت ہے۔ بچوں کو آج بھی بٹہ کنڈی میں پڑھنے کیلئے روزانہ ۷ کلومیٹر اترائی چڑھائی پر مشتمل سفر طے کرنا پڑتا ہے۔

لالہ زار کے پہاڑوں پر سے اُترنے والے کئی نالے دریائے کنہار میں مل جاتے ہیں۔ ان میں 'زم زم، نالہ، کوہ نور، موری نالہ، چٹا کٹھا نالہ، چھریاں ناڑ، قابل ذکر ہیں۔ آخرالذکر نالے پر مقامی ضروریات کو پورا کرنے کیلئے بجلی پیدا کرنے کا اہتمام کیا جاسکتا ہے۔

وادی لالہ زار کی چراگاہوں میں گھوڑے اور اُن کے مالک سیاحوں کو ہر دم گھڑ سواری کے لیے دعوت دیتے نظر آتے ہیں۔ شام چار بجے کے بعد تمام سیاح واپس ناران لوٹ جاتے ہیں۔ یہ وقت ان گھوڑوں کے آزاد چرنے کا ہوتا ہے اور ان چراگاہوں پر انہی گھوڑوں کا راج اگلی صبح ۱۱۔۱۰ بجے تک جاری رہتا ہے۔ پٹھو گرم، کبڈی، ہنجو، بلور، چھپی لونڈی جیسے کھیل بچوں کے مابین مقبول ہیں۔لالہ زار میں جگہ جگہ بچے اشکئی (دائرہ میں پنجاب کے کھڑی وانجل نما) برف پانی اور گلی ڈنڈا جیسے مقامی کھیلوں کے ساتھ ساتھ کرکٹ اور والی بال کھیلتے نظر آتے ہیں۔ ۱۴/ اگست کو لالہ زار میں مقامی طور پر میلے کا انعقاد بھی کیا جاتا ہے، جس میں خوشی کے طور پر گانا بجانا اور کئی کھیلوں کے مقابلے منعقد کرائے جاتے ہیں۔ان میں مقامی گلوکار حنیف اور لطیف (رہائشی پشاور، ایبٹ آباد) اپنی خوبصورت آواز کے جادو جگاتے نظر آتے ہیں۔ جب کہ مظفر آباد سائیں سہیلی سرکار (رح) کے مزار پر حاضری کیلئے عرس کے دنوں میں کئی ٹولیاں لالہ زار سے روانہ ہوتی رہتی ہیں۔ یہاں کے بچے تجسس بھری نگاہوں سے سیاحوں کو دیکھتے ہیں اور ایک دم سے 'ہوٹنگ' کا لمبا سلسلہ شروع کر دیتے ہیں۔

وادی لالہ زار کے نواح میں بھیڑوں، بکریوں اور گایوں کے پیٹ کا دوزخ بھرنے میں معروف سبزہ زار میدانوں میں دھبوکوولا، ڈھاکا مکھیاں، موای سیرن، ڈک، ڈوگی، ڈنہ (اپنے کھلیانوں کیلئے معروف) اور تمبو والا ڈھیر زیادہ اہم ہیں۔لالہ زار سے ۶۰۰ فٹ بلند تمبو والا ڈھیر سے برف پوش چوٹیاں بالکل برابری کی سطح سے دکھائی دیتی ہیں۔ یہیں سے نیچے لالہ زار فارسٹ ریسٹ ہاؤس و دیگر عمارتیں بھی واضح دکھائی دیتی ہیں۔ لالہ زار کی نباتاتی اجزا سے لبریز زمین، پانی جذب کرنے کی بے انتہا صلاحیت رکھتی ہے۔اسی وجہ سے یہاں آلو، مٹر، گوبھی، شلغم، گاجر وغیرہ کی کاشت میں کامیابی کا یہ عالم ہے کہ سیاحوں کیلئے

کشش کا باعث ڈھلوانوں پر بھی نت نئے کھیت وجود میں آ رہے ہیں، جیسے تجارت پرستی کے رستے ہوئے زخم پر مقامی آبادی کی مفلسی کے پیوند، معاشی مجبوریوں کی ستائی آبادی ہر دستیاب زرعی خطہ ارض پر چھوٹے چھوٹے کھیت بنا کر اپنی آمدن کے ذرائع بڑھاتی نظر آتی ہے۔ گزشتہ چند سالوں سے جنرل ترمذی نے اپنے ملکیتی ڈھلوانی علاقہ جو یہاں کی خوبصورتی بر قرار رکھنے میں ریڑھ کی ہڈی کی حیثیت رکھتا تھا، مقامی لوگوں کو چند لاکھ کے عوض ٹھیکے پر دے دیا تو مقامی لوگوں نے ان گلاب کے پھولوں سے لدی ڈھلوانوں کا حلیہ بگاڑ دیا۔ ان ڈھلوانوں کی وٹ بندی کیلئے کئی قیمتی درخت بھی کاٹے جا رہے ہیں۔ بہتر یہ ہے کہ مٹی کے بڑے ڈھیلے اس مقصد کیلئے استعمال کیے جائیں۔

گلابوں کے نئے مہکتے شگوفے بہار رُت کا پیش خیمہ بنتے ہوئے لالہ زار کے چمن کا گہنا بنے اپنی سرخی سے لطیف جذبوں کی راگنی الاپ رہے ہوتے ہیں۔ یہ پھول ہماری برسوں کی ہمنوا اُداسی کو تمنا بھرے جذبات سے لبریز کر دیتے ہیں۔ صبح کے وقت لالہ زار کے شبنم سے لدے مرغزار پھولوں کی قبا میں لپٹے، پیلے سینے والی چڑیوں کی چہکار کے سریلے شور سے تمام ڈھلوانوں کو چٹکتی کلیوں کی طرح جگا دیتی ہے۔ ایسے میں ہمارے دل میں پھول کھلنا، جلترنگ بجنا، آنکھوں میں ایک خواب ناک بستی کے خواب کو سمجھنا، لازم ہو جاتا ہے۔ رات کے آخری پہر میں دودھیا چاندنی میں چلنا، گلابوں کی خوشبو میں نہانا، اوس سے بھیگی آنکھوں کے حسین سپنوں میں کھو جانا، ادھوری نگری کو تصورات میں بسانا، بے نشان راہوں میں انوکھے سفر طے کرنا، صبح کاذب میں دھند لکے پہاڑوں کا نظارہ کرنا انسانی دھڑکنیں بڑھانے کے لیے کافی ہیں۔ ماورا بنفشی، اگن برساتی تمازت، نیلے آکاش تلے تمام کرنیں نور کی چادر پھیلائے ہماری راہوں کو سجاتی ہیں۔ یہ قوس قزح بھرا موسم، من میں مچلتی ہزاروں تمناؤں کا ترجمان بن کر رت کو انگڑائیاں لینے پر مجبور کر دیتا

ہے۔ یہاں کی ہر رات کا موسم ہمراہ بوندوں کی سرگم لے کر آتا ہے۔

جا بجا چراگاہوں، پہاڑوں میں بنے دلکش مکانوں، مخمل نما سرسبز گھاس پر لہلہاتے سرخ، نیلے، پیلے دمکتے پھولوں، ابلتی ندیوں، گنگناتے جھاگ اڑاتے چشموں، برف کی چاندنی میں ڈوبے چاندی کے نیلگوں آسمان میں دھنستے پہاڑوں، گھنے جنگلات، ہر گام موڑ کاٹتی پگڈنڈیوں، قطاروں میں لگے شاندار قد آور صنوبر اور ان کی اوڑھ سے جھانکتی پر اسرار اُداس تنہا، لیکن سرسبز پہاڑیاں سیاحوں کا دل جیتنے والی، مشک بار مست کرنے والی ہوائیں لالہ زار کی سیاحت کو ایک یادگار رتبہ دیتی ہیں۔

* * *

فیجی۔۔ چڑھتے سورج کا پہلا سلام

ڈاکٹر صہیب حسن

میں فیجی کے بارے میں اتنا ہی جانتا تھا کہ اگر کرۂ ارض کے گلوب کو غور سے دیکھا جائے، تو بالائی سطح پر جہاں لندن نظر آئے گا وہاں بالکل اس کے نیچے جزائر فیجی نظر آئیں گے جہاں ۱۸۰ ڈگری طول بلد کا خط اُن کے قریب سے گزر رہا ہو گا۔

۱۹۸۴ء کے آغاز کی بات ہے جب سعودی عرب کی وزارتِ تعلیم اور دارالافتاء کے تعاون سے وہاں ایک ماہ کا تعلیمی اور تربیتی کورس رکھا گیا، جس میں مجھے بہ حیثیت ایک مدرس شرکت کرنا تھی۔ اس کورس میں فیجی، نیوزی لینڈ، آسٹریلیا اور بحر الکاہل کے دیگر جزائر سے ائمہ کرام کو شرکت کی دعوت دی گئی تھی۔

برٹش ایئرویز کی پرواز صبح دس بجے لندن سے روانہ ہوئی اور ساڑھے دس گھنٹے کی مسلسل اُڑان کے بعد سان فرانسسکو کے ہوائی اڈے پر اُتری۔

میری اگلی پرواز نیوزی لینڈ ائر لائنز سے 'ہونولولو' (جزیرہ ہوائی) کے لیے تھی جو ساڑھے چار گھنٹے کی مسافت پر تھا۔ روانہ ہوتے ہوئے یہاں شام کے سات بج گئے تھے۔ 'ہونولولو' میں رات کی تاریکی ہر سُو چھائی ہوئی تھی اس لیے اس خوبصورت جزیرے کی ایک جھلک دیکھنے کی تمنا دل ہی میں رہ گئی۔ 'ہونولولو' میں ایک ساعت کے اسٹاپ کے بعد فیجی کے بین الاقوامی ہوائی اڈے 'نانڈی' کے لیے روانہ ہوئے۔ ساڑھے چھ گھنٹے کی پرواز

کا مطلب ہے کہ ہمیں کوئی ۳۲۲۵ میل کی مسافت طے کرنا تھی۔ ہم مقامی وقت کے مطابق صبح ساڑھے چار بجے 'ناندی' پہنچے۔

پاسپورٹ کی چیکنگ کے مرحلہ سے فارغ ہو کر ہوائی اڈے کے بیرونی حصہ میں آیا، ابھی فیجی کے دارالسلطنت 'سووا' (Sauva) کی پرواز پکڑنا باقی تھی۔ ائرپیسیفک کا ایک چھوٹا جہاز سولہ مسافروں کو اپنے دامن میں سموتا ہوا عازمِ 'سووا' ہوا۔ میں پائلٹ کے بالکل عقب میں ہونے کی وجہ سے سامنے کا منظر بخوبی دیکھ سکتا تھا۔ اس جزیرے کی بے پناہ ہریالی، ندی نالوں کی کثرت، خال خال مٹی کے گھروندے، افریقہ کی یاد دلا رہے تھے، صرف اس فرق کے ساتھ کہ وہاں ایسے سفر میں ہرن، چیتل، زیبرے، سانڈ، بندر اور زرافے کودتے پھلانگتے نظر آتے ہیں۔

'سووا' کی پہلی جھلک میں اسکولوں کے بچے بچیاں بستے اُٹھائے اسکولوں کی طرف بڑھتے نظر آئے، اکثر چہرے ہندوستانی تھے۔ بعد میں پتا چلا کہ فیجی کی سات لاکھ کی آبادی میں اکثریت ہندوستانیوں کی ہے۔ میرا قیام ہوائی اڈے سے بارہ میل دور TRADEWIND نامی ہوٹل میں تھا، کمرے کی کھڑکیاں چند قدم کے فاصلے پر سمندر کی اُن لاتعداد کھاڑیوں کی نشاندہی کر رہی تھیں جن کا نمکین پانی جزیرے کے کونے کونے کو اپنے وجود کا احساس دلاتا رہتا ہے۔

ہماری مصروفیات کا آغاز تعارفی اجتماع سے ہوا، پروگرام کے کرتا دھرتا شیخ عبد العزیز المسند سے ملاقات ہوئی جو اسی مقصد کے لیے اپنی ٹیم کے ساتھ ریاض سے تشریف لاچکے تھے۔

میرے لیے برادرم ابراہیم آر کیکنیل سے ملاقات بڑی مسرت کا باعث رہی، جنوبی ہند کے یہ دوست، جامعہ ازھر کے تعلیم یافتہ تھے اور کینیا کے قیام کے دوران حلقہ

تعارف میں آئے، پھر دعوتی و تبلیغی پروگراموں میں بعض اوقات دن رات ساتھ رہا، میرے نیروبی چھوڑنے کے کچھ عرصہ بعد یہ فیجی آ گئے تھے اور اب ایک ہمدم دیرینہ سے ملاقات پرانی یادوں کو تازہ کر گئی۔

آج کی شام پروگرام کا افتتاحی اجلاس تھا جس میں فیجی کے نائب وزیر اعظم، آسٹریلیا میں سعودی سفیر، آسٹریلیا کی مسلمان تنظیموں کی فیڈریشن کے صدر، فیجی حکومت کے دو مسلمان وزرا اور ہندو پاک کے سفارتی نمائندوں نے بطورِ خاص شرکت کی۔

فیجی کے نائب وزیر اعظم یہاں کی مقامی آبادی جسے (پولونیشین) سے تعبیر کیا جاتا ہے، کے ایک معزز فرد تھے، اپنی افتتاحی تقریر میں انہوں نے اسلام کی خوبیوں کا تذکرہ کیا۔ سورۃ اخلاص کا ترجمہ پڑھ کر سنایا اور پروگرام کا باقاعدہ آغاز کر دیا۔ موصوف اپنے روایتی قومی لباس (سولا) میں ملبوس تھے جس میں قابلِ ذکر ان کا دھوتی نما لہنگا ہے، لیکن اس کی تنگ دامنی گاندھی جی کی دھوتی کی یاد دلا رہی تھی، لیکن ہمیں اس سے کیا؟ ہر دیس کا اپنا اپنا بھیس!!

اب میں روزانہ کی ڈائری ایک طرف رکھتا ہوں اور فیجی کی اقامت کے دوران اپنی مصروفیات کا اجمالی تذکرہ کرتا ہوں۔

ہمارے دن کا آغاز فجر کی نماز کے بعد حلقہ تجوید کی حاضری سے ہوتا، تمام شرکا چاہے طلبہ ہوں یا اساتذہ، تین حلقوں میں اپنے اپنے شیخ حلقہ کی نگرانی میں قرآن سناتے اور اپنی قرأت کی تصحیح کرتے، مدینہ منورہ کے شیخ عبد الحق، یوگوسلاویہ کے شیخ رجب اور ترکی کے محمد علی کی رہنمائی میں ان حلقوں کا آغاز ہوا، شیخ عبد الحق کی معیت میں مجھے اپنی قرأت پر توجہ دینے کا خاص موقع ہاتھ آیا، جس کے لیے میں ہمیشہ ان کا شکر گزار ہوں گا۔

میرے ذمہ حدیث و فقہ اور ادیان کے مطالعہ کے اسباق تھے جو ظہر تک تمام ہو جاتے تھے اور پھر باقی وقت قیلولہ، نمازِ عصر کے بعد کی چہل قدمی اور بعد از مغرب کے روزانہ ایک لیکچر سننے یا سنانے میں صرف ہو جاتا۔

اگلے جمعہ کی شام سے مجھے اپنے کمرے میں ہندوستان کے ایک معروف عربی دان، ندوۃ العلما (لکھنؤ) سے وابستہ شخصیت جناب سعید الاعظمی کی رفاقت حاصل رہی جن سے قلمی تعارف، تو بہت پرانا تھا کہ وہ ندوہ کے عربی مجلے (البعث الاسلامی) کے ایڈیٹر تھے اور میں اپنے عربی مقالات کی وساطت سے گاہے بگاہے انہیں سلام کرنے کی سعادت حاصل کرتا رہتا تھا، اب اُن کی صحبت بھی حاصل ہو گئی۔

جمعہ کی شام مغرب کی نماز ہم نے سووا کے مضافات میں (Noua) نامی گاؤں کی ایک مسجد میں پڑھی۔ یہاں ایک عجیب نظارہ دیکھا۔ بطور تمہید عرض کرتا ہوں کہ بنی اسرائیل پر بھیجے گئے عذابوں میں ایک عذاب مینڈک کی کثرت کا بھی تھا، یہاں اُسے اپنی آنکھوں سے دیکھ لیا۔ مسجد کے باہر وضو خانہ میں اس عالم میں وضو کیا کہ چاروں طرف مینڈک ہی مینڈک تھے، مسجد کے صحن میں پھونک پھونک کر قدم رکھا کہ کہیں کوئی ذات شریف پیر تلے کچلی نہ جائے۔ نماز کے مختصر ہال کے دروازے کو کھولنے کے لیے ہاتھ کی صفائی اور ٹانگوں کی پھرتی دونوں درکار تھیں تاکہ اللہ کی یہ پھدکتی مخلوق ہماری نماز میں خلل انداز نہ ہو۔ ہمارے یومیہ پروگرام میں شام کے لیکچر شامل تھے۔ قاری عبدالحق نے قرآن کی فضیلت پر تقریر کرتے ہوئے اللہ تعالیٰ کی طرف سے حفاظتِ قرآن کے ضمن میں مندرجہ ذیل واقعہ سنایا۔

ایک دفعہ ایک یہودی عالم نے منصوبہ بنایا کہ کیوں نہ قرآن کے نسخوں میں ردّ و بدل کر کے انہیں اہلِ اسلام میں پھیلا دیا جائے تاکہ مسلمان بھی اپنی الہامی کتاب کے

بارے میں شکوک و شبہات کا شکار ہو جائیں، لیکن ایک واقعہ نے اُس کی آنکھیں کھول دیں اور وہ اپنے مذموم ارادے سے باز آگیا۔ ہوا یہ کہ ایک دن وہ ایک مسلمان سبزی فروش کی دکان میں داخل ہوا۔ اُس کا ایک چھوٹا بچہ فرش پر بیٹھا باپ کو قرآن سنا رہا تھا۔ باپ بھی حافظ تھا اور وہ گاہکوں کے ساتھ لین دین کرتے کرتے بچے کا سبق بھی سنتا جاتا اور جہاں کہیں زیر زبر کی بھی غلطی ہوتی، تو فوراً ٹوک دیتا۔ بغداد کے اس یہودی عالم نے سوچا کہ جس معاشرے میں قرآن کے زیر زبر کی غلطی کو بھی فوراً پہچان لیا جاتا ہے وہاں ایک تحریف شدہ قرآن کیسے پنپ سکتا ہے!!

بعض ہندوستانی اجتماعات میں مجھے بطورِ خاص خطاب دعوت دی گئی جس میں 'سووا'، سے چھ میل دور 'ناندیرا' کی تقریر شامل ہے جہاں خواتین نے پردے کے پیچھے کثیر تعداد میں شرکت کی۔

ایک شام ساؤتھ پیسیفک یونیورسٹی (سووا) کی اسلامک سوسائٹی نے شیخ عبد العزیز المسند اور کئی دوسرے اساتذہ کو خطاب کے لیے بلایا۔ ایک بڑے تھیٹر نما ہال میں طلبہ و طالبات کی قلیل تعداد موجود تھی، شیخ کی طبیعت خطاب پر آمادہ نہ ہوئی۔ مجھ سے کچھ بیان کرنے کو کہا جو میں نے موقع کی مناسبت سے عرض کر دیا اور جسے پسندیدگی کی نگاہ سے دیکھا گیا۔ شیخ ہی کے دفتر میں دو ہندو معلمات انٹرویو کے لیے آئیں۔ وہ کچھ ایسے سوالات کے جوابات کی متلاشی تھیں جو پرائمری اسکول کے طلبہ و طالبات کے لیے موزوں ہوں، اسی طرح ریڈیو 'سووا، نے سوال وجواب کی شکل میں میرے ساتھ ایک پروگرام نشر کیا۔

آسٹریلیا کے ڈاکٹر محمود خان پروگرام کے شرکا میں سے تھے، انہوں نے اپنے ایک لیکچر میں (فی ظلمات ثلاث) کی تشریح کرتے ہوئے طبی تحقیق کی روشنی میں اُن اطوار کو بیان کیا جن سے ایک جنین اپنی ماں کے پیٹ میں سے گزرتا ہے اور جنہیں قرآنی آیت

میں (تین تاریکیوں) سے تعبیر کیا گیا ہے۔

نو مارچ کا جمعہ ہمارے لیے نئی زمین اور نئے آسمان کا منتظر تھا!

شیخ کی معیت میں ہم کوئی گیارہ افراد ایک دخانی کشتی میں سوار ہوئے جو ایک گھنٹہ کی مسافت پر ہمیں جزیرہ 'نکلاؤ' (Nukulao) لے جانے کے لیے ہمارے ہوٹل کے عقب میں موجود تھی۔ ہوٹل سے وہ 'سووا' کی بندرگاہ کی خبر لائی، جہاں آسٹریلیا کے سیاحوں کا ایک بے ہنگم گروپ اسی کشتی کا منتظر تھا۔ خیال رہے کہ ہم کرۂ ارض کے جنوب میں ہونے کی وجہ سے موسم گرما کے مزے لے رہے تھے اور غالباً ان آسٹریلوی سیاحوں کے لیے بحر الکاہل کا یہ گرم لیکن خوشگوار موسم، صاف شفاف پانیوں میں اُچھلنے کودنے کا بہترین موقع فراہم کر رہا تھا۔ ہمیں فیجی کے نائب وزیر اعظم کے تن جاناں پر مختصر لباس کا ہونا عجب لگا تھا، لیکن یہاں نوجوان مرد اور عورتیں انہیں مات کرتے نظر آ رہے تھے اور پھر طبلے کی تھاپ اور فیجی گلوکاروں کے ساز و مضراب پر جو دھما چوکڑی شروع ہوئی، تو 'نکولاؤ' تک یہ حال تھا کہ وہ کہے جائیں اور ہم دیکھے جائیں۔ ایک مقام ایسا آیا کہ کیپٹن نے کشتی کے درمیانی حصہ سے حجاب اُٹھایا، تو کشتی کی تہ میں ملکہ سبأ کے شیشہ نما فرش کا عکس دکھائی دیا اور اس شیشے تلے ایک میلہ لگا تھا، اُن رنگ برنگی، ہر نوع اور سائز کی مچھلیوں کا جو آبی پودوں، جھاڑیوں اور سمندری ٹیلوں سے ٹکراتی، منہ موڑتی، غوطہ لگاتی، پیہم حرکت کرتی نظر آتیں۔ خود یہ آبی نباتات بھی اپنی کلکاریوں، حسین پیکروں اور خوشنما چھتریوں سے سمندر کی تہ کو اس طرح سجائے ہوئے تھے، جیسے اندھیری رات میں تاروں بھرا آسمان، تبارک اللہ احسن الخالقین۔ یہاں سے کشتی نے ایک زقند لگائی، تو ہم اس چھوٹے سے جزیرے کے ساحل کو چھو رہے تھے جو کسی زمانے میں ہندوستان سے آنے والے مزدوروں کی فوج ظفر موج کو قرنطینہ کی غرض سے رکھے جانے کا پہلا پڑاؤ تھا، ہم تو

ٹھہرے سیلانی، ایک ساتھی کو لے کر پہلے پورے جزیرے کا ایک طواف کر ڈالا جو بیس منٹ میں مکمل ہو گیا۔ واپس پہنچے، تو دیکھا کہ مقامی فیجی مرد عورتوں کی طرف سے ہم مہمانوں کی آمد کی خوشی میں ایک استقبالیہ دیا جا رہا ہے جو چند کرتبوں اور اُٹھک بیٹھک پر مشتمل تھا۔ پھر ایک حلقہ بنا کر بیٹھے، تو سوکھے ناریل سے بنے پیالے میں انہوں نے اپنا قومی مشروب چکھنے کے لیے دیا جو یگونا یا نگونا کہلاتا ہے، بالکل ایسے ہی جیسے عرب حضرات اپنے مہمانوں کو قہوہ پیش کرتے ہیں۔ نگونا ہماری زبان اور ذائقہ جیتنے میں ناکام رہا، لیکن ہم نے اپنی زبان کا بھرم رکھا اور سر کی خفیف حرکت سے اپنی پسندیدگی کا اظہار کیا۔ اب اُن کے عوامی رقص کا دور چلا جبکہ ہم ساحل کے قریب اُتھلے پانی میں بحر الکاہل کی گرم موجوں کے لمس سے محظوظ ہوتے رہے۔

جمعہ کا وقت ہو چلا تھا۔ شیخ عبد العزیز المسند نے نمازِ جمعہ پڑھائی اور پھر اُن کے کہنے پر وہاں موجود فیجی حضرات کو اسلام کے بنیادی ارکان اور نماز کے بارے میں بتایا۔ سیاحوں سے لدی ہوئی ایک دوسری کشتی ہمیں لینے کے لیے پہنچی، واپسی کا سفر ایک گھنٹے میں طے ہوا اور ہمارا سفر اس عالم میں کٹا کہ طبلہ نوازوں، راگ کی دھن پر کشتی کا فرش زیر و زبر کرنے والوں اور ہو ہا کے شور سے زمین آسمان ایک کرنے والے تماش بینوں کو ہم حیرت سے دیکھتے تھے اور یہ سوچتے رہ جاتے تھے کہ اگر یہ سفر نہ کیا ہوتا، تو اہلِ مغرب کی زندگی کے اس پہلو کا ذاتی مشاہدہ کہاں ہوتا؟

۱۱/ مارچ اتوار کی شام برادرم واجد علی اور شیخ عبد السلام رحمانی ہمیں 'سووا' سے تیس میل کے فاصلے پر ناستری (Natsiri) گاؤں میں جماعت اہلِ حدیث کی پہلی مسجد کی زیارت کے لیے لے گئے۔ یہ مسجد رِوا (RIWA) نہر کے کنارے واقع ہے۔ دونوں طرف ہریالی سے پٹے میدان ہیں۔ شام کی ٹھنڈی ہوا، نہر کا بہتا ہوا پر سکون پانی، تا حدِ نگاہ

مرغزار، دنیا میں ہی جنت کا نظارہ پیش کرتا ہے۔

اس شام کا لطف یہ سطور تحریر کرتے وقت عود کرتا معلوم دیا۔

فیجی کے فاصلے کا اندازہ یوں کیجیے کہ مشرق سے جائیں، تو مکہ مکرمہ سے ساڑھے تیرہ ہزار میل اور ہندوستان سے ساڑھے دس ہزار میل پڑتا ہے اور مغرب سے جائیں، تو لندن سے پندرہ ہزار میل کا فاصلہ ہے، میری مراد مشرقی اور مغربی ممالک ہیں۔ جس طرح لندن کو صفر درجہ طول بلد مانا گیا ہے، ویسے ہی چاہے لندن سے مشرق میں جائیں یا مغرب میں، یہ خیالی خطوط دنیا کو کاٹتے ہوئے بڑھتے چلے جائیں گے اور پھر بحر الکاہل میں ۱۸۰ درجہ پر دوبارہ ملیں گے، فیجی کے جزیرے 'تیونی، (Taveuni) سے خط تاریخ (Date line) گزرتا ہے کہ جسے پار کرنے والا نئے دن میں داخل ہوتا ہے۔ اس لیے یہ کہنا بجا ہے کہ نئے دن کا سورج سب سے پہلے فیجی میں طلوع ہوتا ہے اور اسی لیے 'فیجی ٹائمز، کی پیشانی پر ہمیشہ یہ عبارت نمایاں ہوتی ہے:

آج شائع ہونے والا دنیا کا سب سے پہلا اخبار۔

فیجی تین سو بیس جزائر پر محیط ہے، جن میں صرف نوے جزائر آباد ہیں۔ کل رقبہ ۷۰۰۲ مربع میل بنتا ہے، لیکن سمندری پانیوں کو ملا کر یہی رقبہ دس گنا ہو جاتا ہے، جس کا فائدہ زیادہ تر ماہی گیروں کو ہوتا ہے، لیکن حکومتی عملداری کی شان بھی بڑھ جاتی ہے، سب سے بڑا جزیرہ 'وٹی لیو' (VitiLevu) یعنی فیجی کبیر ہے کہ جہاں راجدھانی سووا اور ہوائی اڈے نانڈی واقع ہیں، دوسرے نمبر پر 'ونوا لوو، (Vanua Levu) اور پھر تیونی (Taveuni) اور کدوا (Kadua) آتے ہیں۔ مؤرخین کا کہنا ہے کہ پچیس ہزار سال قبل بحر الکاہل کے دوسرے جزائر جیسے پاپوا نیو گنی، سلومن، انڈونیشا اور آسٹریلیا سے لوگ اپنی خستہ حال کشتیوں میں بہتے بہاتے یہاں آباد ہوتے گئے۔ یہ لوگ اپنے گندمی

رنگ، مضبوط جسم اور عادات و خصائل کے اعتبار سے برازیل کے قدیم لوگوں سے مشابہ معلوم ہوتے ہیں۔

معلوم تاریخ کا آغاز ۱۸۳۰ئ سے ہوتا ہے جب لندن سے دو پادری عیسائیت کی تبلیغ کے لیے 'لیکمبا' پہنچے، لیکن انہیں کچھ کامیابی حاصل نہ ہوئی۔ پانچ سال بعد دو اور پادریوں نے بڑی ہمت دکھائی، وحشی قبائل کی درندہ صفت خصلتوں کی بھی پروانہ کی۔ مقامی زبان سیکھ کر خدا اور یسوع مسیح کا نعرہ لگاتے رہے، لیکن ان میں سے ایک پادری آدم خور قبیلے کے ہتھے چڑھ گیا۔ وحشی خدا اور مسیح سے زیادہ اس کے گورے رنگ اور فربہ جسم کو للچائی ہوئی نظروں سے دیکھ رہے تھے اور پھر اُسے ہلاک کرنے کے بعد جو اس کی تکا بوٹی کی ہے، تو جوتوں تک کو نہ چھوڑا، لیکن اس کی قربانی بہر حال رنگ لائی۔ اب وہاں کی ساری قدیم آبادی جو کاویتی کہلاتی ہے عیسائیت کی حلقہ بگوش ہے، اس عرصہ میں کچھ امریکن بھی ایک فیجی سردار کی درخواست پر 'نوکولاؤ' میں آباد ہوئے، کافی طاقت اور جمعیت فراہم کرلی۔ ایک موقع پر ایک امریکی سردار جون ولیم اپنے نئے مکان کی تعمیر کے بعد جشن منا رہا تھا کہ مقامی لوگوں نے اُسے آگ لگادی۔ فریقین میں سخت جھگڑا ہوا۔ کچھ امریکی مارے بھی گئے اور پھر جون ولیم کی انگیخت پر امریکی حکومت نے مقامی سردار سے پانچ ہزار ڈالر کے تاوان کا مطالبہ کیا جس کی ادائی کے لیے دو سال کی مہلت دی گئی۔ یہ رقم ایک سال بعد بمع سود پینتالیس ہزار کر دی گئی۔ فیجی سردار نے حکومتِ برطانیہ سے درخواست کی کہ اگر وہ یہ رقم ادا کر دے، تو اُسے فیجی کے بر و بحر کے بلا شرکت غیرے مالکانہ حقوق حاصل ہو جائیں گے۔ سرزمین فیجی کے زرخیز اور بار آور ہونے کے بارے میں حکومتِ برطانیہ نے پہلے تحقیق کروائی اور بالآخر ۱۸۷۳ئ میں فیجی کے ساتھ ایک معاہدہ طے پا گیا۔ اس وقت تک تاوان کی رقم ستاسی ہزار ڈالر تک جا پہنچی تھی۔

برطانوی کالونی بننے کے بعد انگریزوں نے فیجی میں گنّے کی کاشت کے لیے کئی قوموں کو آزمایا، لیکن قرعہ فال شمالی ہندوستان کے کسانوں کے نام پڑا، جنہیں بڑے سبز باغ دکھا کر فیجی آنے پر آمادہ کیا گیا۔ اگر انہیں اپنی زمینوں پر روزانہ دو پیسے یا ایک آنہ مزدوری ملتی تھی، تو یہاں بارہ آنے روزانہ کا جھانسا دیا گیا اور یوں مئی ۱۸۷۹ئ میں ہندوستانی مزدوروں کا پہلا قافلہ ایک ڈیڑھ ماہ کے طویل سمندری سفر کے بعد فیجی پہنچا جس میں ۴۶۸ ہندوستانی تھے۔ اور پھر یہ سلسلہ دراز ہوتا گیا۔

۱۹۱۷ئ تک چالیس بحری جہازوں کے توسط سے کُل ۶۰۹۵۶ ہندوستانی فیجی وارد ہوئے، جن میں اکثر کا تعلق شمالی ہند اور خاص طور پر گونڈہ کے اضلاع سے تھا۔ ان میں مسلمانوں کی تعداد سات ہزار تھی۔ ان مزدوروں کو انتہائی مشقت سے کام کرنا پڑتا تھا۔ رہائش کے لیے ٹین کی چھتوں والے ایسے مکانات دیے گئے جس میں اجتماعی سکونت ہوتی تھی۔ مزدوری آدھی سے بھی کم دی گئی۔ ہر شخص کے لیے ملازمت کی شرائط کے مطابق پانچ یا دس سال کا عرصہ وہاں گزارنا لازمی تھا اور یہی وجہ ہوئی کہ ان میں سے بہت سے لوگ بجائے وطن واپس جانے کے وہیں آباد ہو گئے۔

بہرحال ان کی حالتِ زار پر ہندوستان میں کافی ہنگامہ ہوا، تو ۱۹۱۷ء میں یہ سلسلہ موقوف کر دیا گیا۔ انگریز بھی تقریباً سو سال بعد یعنی ۱۹۷۰ئ میں یہاں سے رخصت ہو گئے۔ ۱۹۸۵ء میں کل آبادی سات لاکھ سے متجاوز تھی جس میں ہندوستانی ۴۸ئ۶ فیصد، کاویتی ۴۶ئ۳ فیصد تھے یعنی ہندوستانیوں کی اکثریت تھی اور سیاست میں اُن کا خوب عمل دخل تھا، لیکن فوجی انقلاب آنے کے بعد ہندوستانیوں پر عرصۂ حیات تنگ کرنے کا سلسلہ شروع ہو گیا جس کی وجہ سے لوگ آسٹریلیا اور نیوزی لینڈ ہجرت کرنے پر مجبور ہیں۔

اب کچھ فیجی کی زمین اور موسم کا بھی تذکرہ ہو جائے۔ بارش اس کثرت سے اور اس زور سے ہوتی ہے کہ کسی استوائی خطے کا گمان ہوتا ہے اور یہی وجہ ہے کہ یہاں گنا خوب پھلتا اور پھولتا ہے کیونکہ اگر ایک ماہ بھی بارش دم سادھ لے، تو گنا خشک ہو جائے اور شکر کی فیکٹریاں بند ہو جائیں۔ اور پھر موسمِ گرما (یعنی جنوری تا مارچ) میں بحر الکاہل سے اُٹھنے والے طوفان فیجی کے ساحلوں، بستیوں اور پہاڑوں سے ایسے ٹکراتے ہیں کہ الامان والحفیظ، ٹین کی چھتیں اُڑ اُڑ کر لوگوں کے گلے کاٹتی یا زخم لگاتی جاتی ہیں۔ مولانا عبد السلام لکھتے ہیں کہ ایک دفعہ ایسے ہی ایک گھروندے میں اُنیس آدمی پناہ لیے ہوئے تھے اور گردباد کے اس طوفان نے سارے کمرے کو اپنے مکینوں سمیت کہیں کا کہیں پھینک دیا۔ خیریت رہی کہ ان لوگوں کی جان بچ گئی۔ زخم کھانا بہر حال ضروری ٹھہرا۔

فیجی میں عام مویشی تو پائے جاتے ہیں، لیکن بھینس اور گدھے کا وجود نہیں۔ سارے جزائر میں درندہ نام کی بھی کوئی چیز نہیں۔ لوگ ہاتھی، شیر، چیتا، بھیڑیا، بندر، ریچھ، سانپ، بچھو، چیل، کوّے اور گدھ کو تصویروں سے پہچانتے ہوں گے، کبھی مشاہدہ نہ کیا ہو گا۔ گویا آپ وہاں جنگل میں بلا تکلف منگل کا سماں پیدا کر سکتے ہیں کہ کسی بلا کا خوف نہیں۔

اب چند باتیں کیپٹن بھگوان سنگھ کی کتاب 'یادوں کا اُجالا' سے بھی نقل کیے دیتا ہوں کہ یہ کتاب مجھے لندن کی ایک لائبریری سے ہاتھ لگی تھی اور اُن کے ایام فیجی کی یاد داشتوں پر مشتمل تھی۔ لکھتے ہیں کہ اس دیس کے باشندے سو برس سے پہلے بلکہ اس سے بھی کم عرصہ ہوا، آدم خور تھے، وہ ایسی غیر انسانی رسموں کے شکار تھے کہ ہر زمیندار کے گھر کے اطراف اور گوشوں کے ستونوں کے نیچے چار افراد زندہ گاڑ دیا کرتے تھے، لیکن آج اسی قوم میں قتل اور خون ریزی کے واقعات ناپید ہیں، فیجی کی ہندوستانی آبادی نے

وہاں ہندی روشناس کرائی۔ انگریزی کے اختلاط سے نئے نئے الفاظ متعارف ہوئے۔ اُردو کے 'اُوں' کی جگہ 'ایں' یہاں کے لیے 'ایہاں' اور وہاں کے لیے 'اوہاں' بولتے ہیں۔

لکھتے ہیں "فیجی کی ہندی جو عوامی زبان بن گئی ہے اس میں برج بھوج پوری، انگریزی وغیرہ کئی زبانوں کے الفاظ رائج ہیں، ہمارے دیس میں بھی ہندی میں ریل، پلیٹ فارم، ٹکٹ وغیرہ لفظ جوں کے توں کام میں لائے جاتے ہیں، یہی نہیں دوسری زبانوں کے الفاظ بھی ہندی میں اچھی طرح چلتے ہیں جیسے کہ بالٹی جو پرتگیزی زبان کا لفظ ہے، ہندی میں اچھی طرح رائج ہے۔ مٹھائیوں میں کئی نام مثلاً برفی، بالوشاہی وغیرہ اصلاً ہندی کے نہیں مگر استعمال ہوتے ہوتے ہندی بن گئے ہیں۔ یہی بات فیجی کی ہندی میں تسلیم کی جانی چاہیے، کون سا کے لیے 'کون لا' اور سوپ پاؤڈر کے لیے سوپ پاؤڈری مستعمل ہے۔"

فیجی ایک نظر میں

دارالحکومت سووا (Suva)

نظامِ حکومت غیر منتخب شدہ سول حکومت جس کا سربراہ فوجی حکمران ہے

صدر راٹو جوزیفا ایلیو (Ratu Josefa Iloilo)

وزیر اعظم کمانڈر جوزائیہ وورک (Josaia Voreqe)

یوم آزادی برطانیہ سے ۱۰ / اکتوبر ۱۹۷۰ء

رقبہ ۱۸۲۷۰ / مربع کلومیٹر

آبادی ۹۴۴۷۲۰ نفوس

کرنسی فیجی ڈالر

زبان فیجی، ہندوستانی (اُردو)، انگریزی

خواندگی کا تناسب ۸۰ تا ۹۰ فیصد

***

بلوچستان کے تعلیمی نظام کی ان کہی داستان

پروفیسر ڈاکٹر محمود علی شاہ

میرا تعلق گنداواہ سے ہے جو اس وقت ضلع جھل مگسی کا ہیڈ کوارٹر ہے۔ یہ ایک قدیم شہر ہے، اس کا سب سے پہلا نام کنڈا ابیل تھا اور جب ہندوستان پر بھیلوں کی حکومت تھی، تو یہ اس کا صوبائی صدر مقام تھا۔ اس کے بعد اس کا نام گنج آبہ رکھا گیا کیونکہ بلوچستان کے اکثر علاقوں میں پانی کی قلت ہے اس لیے اکثر نام آب کے ساتھ رکھے جاتے ہیں مثلاً سر آب وغیرہ وغیرہ۔

یہ شہر مختلف ادوار میں مختلف حکمرانوں کے تحت رہا ہے۔ یہاں عربوں نے حکومت کی پھر یہ سندھ کا حصہ بنا، ۱۷۵۴ئ میں نادر شاہ قہار نے سندھ سے علیحدہ کر کے اسے خان آف قلات خان نصیر خان نوری کے حوالے کیا۔ یہ شہر خان صاحب کا سرمائی ہیڈ کوارٹر ہوا کرتا تھا۔

یہ شہر بڑے اہم محل وقوع کا حامل ہے۔ ماضی میں اس کے چاروں طرف حصار تھا جس کے چار دروازے تھے۔ ایک دروازہ شکار پور کی طرف کھلتا تھا، دوسرا ملتان کی طرف، تیسرا سبی کی طرف اور چوتھا قلات کی طرف۔ دریائے مولا اس علاقے کو سیراب کرتا ہے۔ دریائے مولا سے پانچ ندیاں بارہ مہینے بہتی ہیں۔ یہ گنداواہ اور اس کی متصل دیہاتوں پاچھ، نوشہراہ، پنجک، اور فتح پور کو سیراب کرتی ہیں۔ گرمیوں میں دریائے مولا کا

سیلاب پورے علاقے کو سیراب کرتا ہے۔ دریائے مولا سے آنے والی سیلابی ندی جسے مقامی زبان میں نیئں کہا جاتا ہے پر مٹی کا ایک بند باندھ دیا جاتا ہے جو گنداواہ کی زمینوں کو سیراب کرتا ہے۔ چارلس میسن نے اپنی انگریزی کتاب قلات کے سفرنامے میں گنداواہ کی فصلوں کا تفصیل سے ذکر کیا ہے۔ جسے پڑھ کر یقین نہیں آتا ہے کہ گنداواہ میں اس قدر فصلیں ہوا کرتی تھیں۔ جو آج کے دور میں محدود ہو کر صرف گندم، جوار، مونگ اور سرسوں تک محدود ہو گئی ہے۔

محبت بھرے رشتے

میری پیدائش میرے باپ کے اندراج کے مطابق یکم ذیقعد ۱۳۶۴ھ بمطابق ۸ اکتوبر ۱۹۴۵ء کو ہوئی اور تعلق گنداواہ کے سید بخاری خاندان سے ہے۔ ہمارے جد امجد آٹھویں صدی ہجری میں گنداواہ تشریف لائے تھے۔ یہ مخدوم جہانیاں جہاں گشت اُوچ شریف والے کے پوتے تھے۔ میرے والد صاحب کا نام سید تیمور تھا۔ ابتدا میں وہ پوسٹ ماسٹر تھے اور کوئٹہ کے ایوان قلات کے علاقے میں فرائض منصبی انجام دیتے تھے۔ بعد میں انہوں نے یہ نوکری چھوڑ دی۔ کچھ وقت یہ سردار شیر محمد رند کے نائب رہے اور ان کی زمینیں سنبھالا کرتے تھے۔ اس کے بعد یہ گنداواہ آئے اور وہاں پر جرگہ ممبر بنے اور وہاں کی ایک معزز شخصیت شمار ہونے لگے۔ ۱۹۴۷ء میں بلوچستان اسمبلی کا الیکشن لڑا اور سائیں رکھیل شاہ کے بھائی کے مقابلے میں ہار گئے۔ ۱۹۵۰ئ میں ان کی وفات ہوئی۔ اس طرح میں یتیم ہو گیا میری والدہ کہا کرتی تھی کہ وہ مجھے نواب شاہ کے ایک پبلک سکول میں داخل کروانا چاہتے تھے۔ یہ پروگرام انہوں نے سردار شیر محمد رند کے ساتھ مل کر

بنایا تھا کیونکہ وہ بھی اپنے بیٹے مرحوم سردار خان رند کو وہیں تعلیم دلوانا چاہتے تھے، لیکن خدا کے منصوبے کچھ اور تھے۔ یہ شاید ان کی دعا کا نتیجہ تھا جس کی وجہ سے اللہ نے مجھے توفیق دی کہ میں نے پی ایچ ڈی کی اور ممتاز پروفیسر کی حیثیت سے بلوچستان یونیورسٹی سے ریٹائر ہوا۔

والدہ

میری والدہ کا نام نور بی بی تھا۔ یہ بچپن میں یتیم ہو گئی تھیں اور میں نے اپنے نانا کے پاس فتح پور قائم شاہ میں بچپن گزارا۔ جوان ہونے پر ان کے والد انہیں گنداواہ لائے اور شادی کرا دی۔ ابتدا میں معاشی حالت کافی خراب تھی۔ بقول ان کے ایک ٹوٹی ہوئی چارپائی، چند گھڑے اور ایک دو چٹائیاں تھیں۔ والد کی وفات کے بعد ہمارے معاشی حالات پھر خراب ہو گئے۔ اب والدہ پر گھر کی ذمہ داریاں بھی عائد ہو گئی تھیں۔ ہمارا خاندان دو بھائیوں اور پانچ بہنوں پر مشتمل تھا۔ بڑے بھائی اور چار بڑی بہنوں کی شادی ہو چکی تھی۔

گھر چلانے کے لیے وہ کپڑے لے کر ان پر کشیدہ کاری کروا کے ادھار پہ دیا کرتی تھیں۔ علاوہ ازیں وہ یونانی علاج جانتی تھی، خاص طور پر بچوں کے علاج کی ماہر تھی۔ اس وقت کے گنداواہ کی ڈسپنسری کے انچارج بچوں کو میری ماں کے پاس علاج کے لیے بھجوایا کرتے تھے۔ یہ ہماری آمدنی کا ایک ذریعہ تھا۔ علاوہ ازیں ایسی عورتیں جو کسی کیس میں ملوث ہو کر قیدی بنتی تھیں، تو اس وقت کے رواج کے مطابق انہیں معزز گھرانوں میں رکھا کرتے تھے اور ان گھرانوں کو روزانہ الاؤنس دیا کرتے تھے۔ یہ بھی ہماری آمدنی کا

ایک ذریعہ تھا۔

میں نے ۱۹۶۱ء میں مڈل کا امتحان پاس کیا۔ والدہ کا تقاضا تھا کہ میں نوکری کر لوں کیونکہ گھر کے حالات اس بات کی اجازت نہیں دے رہے تھے کہ میں مزید تعلیم حاصل کر سکوں، لیکن میں نے ضد کی جس کے باعث انہوں نے مجھے آگے پڑھنے کی اجازت دی اور میں نے جھل مگسی ہائی سکول میں میٹرک میں داخلہ لیا۔ اس امتحان کو بھی ۱۹۶۳ء میں پاس کر لیا۔ مزید پڑھنے کا ارادہ تھا مگر ماں راضی نہ تھیں۔ وجہ مالی مشکلات تھیں۔ میرے حصے کی کچھ زمین تھی میں نے اسے گروی رکھنے کی کوشش کی ایک پارٹی گروی رکھنے کے لیے راضی ہوئی، لیکن میرے اپنے رشتے داروں نے اس کی مخالفت کی اور ان پر زور ڈالا کہ وہ یہ زمین گروی نہ رکھیں تاکہ میں اسے انہی کے ساتھ اونے پونے بیچ دوں۔ یہ دوپہر کا وقت تھا جب میں معاہدہ کرنے کے لیے ایک معزز شخص فضل احمد کی بیٹھک میں گیا۔ اگلی پارٹی نے جواب دے دیا۔ اس وقت میری عمر ۱۸/ سال تھی۔ کافی جذباتی تھا جب واپس گھر آیا، تو ماں پاؤں میں جھلی ڈال کے کھینچ رہی تھی۔ جھلی ایک قسم کا پنکھا ہوا کرتا تھا۔ چھت میں رسی ڈال کر اس کے ساتھ ایک بڑی لکڑی باندھ کر اس پر رلیاں ڈال دی جاتی تھی اور گھر کی عورتیں ہی اسے دوپہر کے وقت کھینچا کرتی تھیں۔ میری ماں نے مجھ سے پوچھا بیٹے کہ کیا ہوا، میں جذباتی تھا جس کی بنیاد پر رو دیا اور کہا کہ امی میری زمین کوئی گروی نہیں رکھ رہا لہٰذا اب میں نہیں پڑھوں گا۔ انہوں نے جواب دیا کہ نہیں بیٹے اب تم پڑھو گے، ان کے کانوں میں کچھ سونے کی بالیاں تھیں، اسی وقت انہوں نے وہ بالیاں اتاریں اور میری بہنوں سے کہا کہ وہ بھی دو دو بالیاں اتاریں اور پھر مجھ سے کہا کہ آپ ابھی جائیں اور یہ سنار کے پاس بیچ دیں اور اپنی تعلیم جاری رکھیں۔

میرے ۱۹۶۱ء میں جھل مگسی جا کر ہائی سکول میں داخلہ لیا۔ چونکہ ماں کی طبیعت

خراب رہا کرتی تھی اور باپ کی وفات کا اثر میرے ذہن پر موجود رہتا تھا لہٰذا جب کبھی کوئی کلاس نہیں ہو رہی ہوتی تھی، تو میں ایک طرف بیٹھ کر علامہ اقبال کی نظم 'ماں کی یاد میں، جو کہ اس وقت کے میٹرک کے کورس کا حصہ تھی بیٹھ کر پڑھا کرتا تھا اور ساتھ ہی رویا بھی کرتا تھا۔ ۱۹۶۳ء میں میں نے مستونگ میں ایف اے میں داخلہ لیا۔ سردیوں کی چھٹیاں ہوئیں۔ اس وقت ہم جیکب آباد جا کر وہاں سے گنداواہ کے لیے بس لیا کرتے تھے۔ میری رہائش صحبت سرائے میں تھی جو کہ جیکب آباد سٹیشن کے نزدیک ہے۔ مجھے معلوم ہوا کہ میری والدہ کی طبیعت خراب ہے لہٰذا میں ان سے ملنے کے لیے گیا۔ اس وقت بلوچستان کے کالج میں پڑھنے والے طلباء کو ۸۰/ روپے ماہانہ وظیفہ دیا جاتا تھا۔ مجھے کل ملا کے ۷۰۰ سو روپے وظیفہ دیا گیا تھا۔ میں نے یہ رقم جا کر ان کے حوالے کی کہ اپنا علاج کروائیں۔ انہوں نے اپنا دوپٹا اتار کر گلے میں ڈالا، اس رقم سے صرف ایک سو روپیہ لیا اور مجھ سے کہا کہ بیٹے اب میں مرنے والی ہوں، لیکن مجھے اس بات کا سکون ہے کہ تم اپنا رزق کمانے کے لائق ہو گئے ہو۔ تمہیں شوق تھا کہ سائیکل خرید و اور کیمرہ لو لہٰذا تم سکھر جاؤ وہاں سے کیمرہ اور سائیکل لے کے آؤ تاکہ میں مرنے سے پہلے یہ دیکھ سکوں کہ تمہارا شوق پورا ہو گیا۔ میں سکھر گیا وہاں سے ایک سہراب سائیکل لی اور ایک کیمرہ لیا اور دوسرے تیسرے دن گنداواہ آیا۔ اس وقت ان کی طبیعت کافی خراب رہنے لگی۔ میں جب ان کے نزدیک جاتا تھا، تو رونا شروع کر دیتا تھا۔ لہٰذا وہ مجھے جلد ہی اٹھا دیا کرتی تھیں۔ میں اپنی بیٹھک میں سویا کرتا تھا جو گھر سے بیس تیس فٹ دور دروازے کے نزدیک ہوا کرتی تھی۔ انہوں نے میری بہنوں سے یہ کہہ دیا تھا کہ اگر میری وفات صبح سویرے ہو، تو زور سے مت رونا کہ میرے بیٹے کی نیند خراب ہو جائے گی۔ وہ مجھ سے اکثر کہا کرتی تھیں کہ بیٹے تیرے والد کی اور اپنی جوان بیٹی کی وفات کے بعد مجھے لگتا ہے کہ

میرا جگر جل گیا ہے اور اس کی سڑانڈ کی بو اندر سے آتی ہے۔ انہیں ایک عجیب سی بیماری تھی۔ انہیں اتنی سردی لگتی تھی کہ وہ مارچ کے مہینے میں بھی کہتی تھیں کہ میری چارپائی کے نیچے آگ جلایا کرو حالانکہ مارچ میں گنداواہ میں کافی گرمی ہو جاتی ہے اور آدمی دھوپ تک میں نہیں بیٹھ سکتا۔ مختصراً یہ کہ جنوری ۱۹۶۳ء میں ان کی وفات ہو گئی۔ میں ہر روز ان کی قبر پر جایا کرتا تھا۔ ماں کا یہ رشتہ آج تک منقطع نہیں ہوا۔ جب میں ۱۹۸۰ء میں پی ایچ ڈی کرنے کے لیے امریکہ گیا اور وہاں میری طبیعت خراب ہو گئی، تو وہ خواب میں آئیں اور مجھے کہا کہ بیٹا میں تم سے کہا کرتی تھی کہ آگے تعلیم حاصل مت کرو، لیکن تم باز نہیں آئے چلو اب واپس چلتے ہیں۔ ان کے ساتھ دو گھوڑے تھے ایک پر وہ سوار تھی دوسرا خالی تھا جس پر میں سوار ہوا۔ یہ دونوں گھوڑے ہم نے دوڑا دیے، میری آنکھ کھل گئی اور میں نے محسوس کر لیا کہ مجھے بغیر ڈگری حاصل کیے واپس جانا ہے اور ایسا ہی ہوا۔

اپنے ان تجربات کی روشنی میں میں یہ کہا کرتا ہوں کہ ماں کا اولاد سے رشتہ کبھی نہیں ٹوٹتا۔ موت تو بس ایک پردہ ہے۔ میں زندگی میں جب بھی پریشان ہوتا ہوں، تو میرا دل چاہتا ہے کہ ماں کی قبر پر سر رکھ کے سو جاؤں۔ جب بھی میں گاؤں جا کر ان کی قبر پر فاتحہ پڑھتا ہوں، تو اللہ سے یہ دعا کرتا ہوں کہ انہیں اس رشتے کی محبت اور اس میں بھری رحمت کے طفیل بخش دے اور میری ماں کو میرے لیے اسی طرح دعا گو رکھ جس طرح کہ یہ زندگی میں دعا گو تھیں۔ اللہ قادر مطلق ہے لہٰذا وہ ایسا کر سکتا ہے۔

میں آج جو کچھ بھی ہوں، اپنی ماں کی تربیت کے باعث ہوں۔ جب کبھی شہر کا کوئی معزز چھٹی پہ گنداواہ آتا تھا، تو میری ماں مجھ سے کہا کرتی تھی کہ بیٹا ان کے پاس جاؤ اور شام کو ان کے ساتھ رہا کرو۔ وہ میری ہر حرکت پر نظر رکھا کرتی تھیں۔ بچپن ہی سے ہر

قسم کا کام کروایا کرتی تھیں۔ جنگل سے جلانے کے لیے لکڑیاں لانا، فصل سے گھاس لے آنا وغیرہ وغیرہ۔ ان کی اس تربیت کے باعث آج مجھ میں غرور نہیں اور میں ہر کام کر لیتا ہوں۔ آج کل کے بچے، گنداواہ کی حد تک، نہ تعلیم کے ہیں نہ تربیت کے۔ شہروں میں بچے تعلیم تو حاصل کرتے ہیں، لیکن تربیت نہیں۔ والدین تربیت پہ زور دیتے ہیں نہ سکول میں دیا جاتا ہے۔ اس وقت تعلیم کا لفظ تنہا استعمال نہیں ہوتا تھا بلکہ ہمیشہ تعلیم و تربیت ایک ساتھ آتا تھا۔ میرے خیال میں آج ہمارے زوال پذیر معاشرے کی ایک بڑی وجہ تعلیم و تربیت کا فقدان ہے۔

ہمارے شہر میں بڑی سادہ اور احساس پر مبنی معاشرت ہوا کرتی تھی۔ لڑکے کی پیدائش بڑی خوشی کا باعث ہوتی تھی اور اکثر یہ دعا دی جاتی تھی کہ اللہ آپ کو سات بیٹے عطا کرے۔ خاص طور پر ہم سیدوں میں جب لڑکا چودہ ماہ کا ہو جاتا، تو اپنے بزرگ دادا حضرت ایوب شاہ کی جھنڈ اتاری جاتی تھی یعنی بچے کے بال کاٹے جاتے تھے۔ اس دوران ایک سالن کی دیگ پکائی جاتی تھی، تمام رشتے داروں کو دعوت دی جاتی تھی۔ پنج لاگی یعنی بکرے کے پانچوں بڑے اعضا سری پائے جگر انتڑیاں اور اوجڑی کو ملا کر پکایا جاتا تھا۔ یہ تھوڑی تھوڑی تمام رشتے داروں کے سامنے رکھی جاتی تھی۔ یہ اس علاقے کی خاص ڈش تھی، جو دعوتوں کے موقع پر بھی پکائی جاتی تھی۔

گاؤں میں ہندو مسلمان اکٹھے رہا کرتے تھے۔ بڑی ہم آہنگی ہوا کرتی تھی۔ غمی خوشی میں ایک دوسرے کے ساتھ شرکت کیا کرتے تھے۔ مثلاً اگر کسی مسلمان معزز گھر میں شادی ہوتی تھی، تو وہ کچا راشن ہندوؤں کو پہنچایا کرتے تھے۔ اسی طرح ہندو بھی اپنی شادی کے موقع پر مسلمانوں کو مدعو کرتے تھے اور کچا راشن پکانے کے لیے مسلمان باورچی کو دیا کرتے تھے۔ ہندوؤں کے تہوار ہولی، دیوالی، وغیرہ دھوم دھام سے ہوا کرتے تھے۔

خاص طور پر دیوالی پہ معزز گھرانوں میں ہندو مٹھائی پہنچایا کرتے تھے۔ کمہار خاص قسم کے برتن بنایا کرتے تھے جن میں مٹھائی رکھی جاتی تھی۔ ہندو اپنے دروازوں پر چونا لگاتے تھے اور اس پر سواستیکہ کا نشان لگاتے تھے۔ ہمارے گھر میں ایک چارپائی پر صاف چٹائی ڈالی جاتی تھی اور اتنی مٹھائی آتی تھی کہ چارپائی بھر جاتی تھی۔ دروازوں کے باہر دیے جلائے جاتے تھے۔ ہمارے جیسے شرارتی بچے غلیلوں سے ان دیوں کو نشانہ بناتے تھے اور پھر ہندو عورتیں گھروں سے نکل کر بہت کوسنے سنایا کرتی تھیں۔ بازار روشن ہوتا تھا، مٹھائیوں کے انبار لگے ہوتے تھے اور تمام مسلمان بھی اپنے گھر مٹھائی خرید کر لے جایا کرتے تھے۔ اسی طرح سے ہولی کے تہوار پر اپنے انداز میں ہندو گلیوں میں ناچا کرتے تھے، رنگ پھینکا کرتے تھے اور اگر کوئی مسلمان نظر آ جاتا، تو اس پر بھی رنگ پھینک دیا کرتے تھے۔ مسلمان ناراض نہیں ہوتا تھا بلکہ اس سے لطف اندوز ہوتا تھا۔

اگر کہیں موت واقع ہو جاتی تب بھی ہندو مل کر وہاں اظہارِ افسوس کے لیے آیا کرتے تھے۔ اس سلسلے میں ایک واقعہ مجھے یاد ہے کہ کسی کی وفات ہوئی تھی۔ لوگ بیٹھے ہوئے تھے کہ ہندو فاتحہ کے لیے آئے۔ ان ہندوؤں میں سے ایک نے کہا کہ فلاں فقیر جس کی حال ہی میں وفات ہوئی ہے وہ بھیک کے پیسے میرے پاس جمع کیا کرتا تھا اور اس کی رقم تین ہزار روپے میرے پاس جمع پڑے ہیں۔ اگر کوئی اس کا وارث ہے یا پھر آپ لوگوں میں سے کوئی مجھ سے یہ رقم لے کر رکھ لے۔ میرے نزدیک یہ امانت اور دیانت داری کی ایک انتہا تھی۔ اس وقت تین ہزار بڑی رقم تھی کیونکہ استاد کی تنخواہ صرف چالیس روپے ہوا کرتی تھی، لیکن پیسہ کم ہونے کے باوجود ایمان داری اور دیانت داری موجود تھی۔

ہندوؤں کو اکثر کمزور سمجھا جاتا تھا۔ ان پر ہاتھ اٹھانا معیوب تھا۔ اگر کوئی ایسا کرتا، تو

اس پر لعنت ملامت کی جاتی۔ اکثر ہندو معمولی چیزیں جیسے گڑ، چنے، ریوڑیاں اور پکوڑے وغیرہ بنا کر گدھے پہ سوار ہو کر نزدیکی دیہاتوں میں جا کر بیچا کرتے تھے اور کوئی انہیں کچھ نہیں کہتا تھا۔

اسی طرح باہر سے جو کوئی آتا تھا وہ کسی شہر کے معزز یا بڑے کے ہاں مہمان ٹھہرا کرتا تھا۔ کیونکہ ہوٹل یا سرائے نہیں ہوتے تھے۔ راستے میں اگر کوئی اس سے پوچھتا، تو وہ جواب دیتا کہ میں فلاں کا مہمان ہوں اور یہی تعارف اس کے تحفظ کا باعث ہوتا تھا۔ پردیسی (مسافر) کا بھی تحفظ کیا جاتا تھا اور اُسے نقصان پہنچانا معیوب سمجھا جاتا تھا بلکہ اس کی ہر قسم کی مدد کی جاتی تھی۔

معزز گھرانوں کی عورتیں جب پردے میں باہر نکلا کرتی تھیں، تو ان کے نزدیک گزرنے والا مرد دیوار کی طرف منہ لگا کے کھڑا ہو جاتا تھا۔ جب تک یہ عورتیں گزر نہیں جاتی تھیں، وہ اسی حالت میں کھڑا رہتا۔ پردے کے لیے برقعے کا رواج نہیں تھا بلکہ ایک لمبا سا سفید کپڑا ہوتا تھا، جو عورتیں اس طرح سے اوڑھ لیتی تھیں کہ قرآنی احکامات کے مطابق ان کا پردہ ہو جاتا تھا۔ اب جب کہ میں نے قرآن پڑھا ہے، تو مجھے اس بات کا احساس ہوا ہے کہ اس وقت کا معاشرہ قرآنی احکامات کے مطابق چلا کرتا تھا۔ آج کے برقعے اور پردے اس کا نعم البدل نہیں، یہ پردہ کم اور فیشن زیادہ ہوتا ہے۔

تعلیم

۱۹۶۰ء تک گنداواہ کا سکول مڈل تک تھا۔ یہ سات آٹھ کمروں پر مشتمل ہوا کرتا تھا۔ اس کا ایک حصہ ۲۵۹۱ئ میں تعمیر کیا گیا۔ دوسری جماعت سے تمام بچوں کو وظیفہ دیا

جاتا تھا اور یہ وظیفہ ایک روپیہ ہوا کرتا تھا۔ مضامین بہت کم پڑھائے جاتے تھے۔ یہ زیادہ تر اردو، حساب اور معاشرتی علوم ہوا کرتے تھے۔ خوش خطی پر خاص توجہ دی جاتی تھی۔ پانچویں جماعت کا امتحان ڈسٹرکٹ آفیسر تعلیم خود آ کر لیا کرتے تھے اور پہلی تین پوزیشنیں حاصل کرنے والے لڑکوں کو وظیفہ دیا جاتا تھا جو پانچ روپے ہوتا تھا۔ میں نے بھی وظیفہ حاصل کیا تھا جو آٹھویں جماعت تک جاری رہا۔ بزمِ ادب تعلیم کا لازمی حصہ تھا، ہر جمعرات تقاریر کروائی جاتی تھی جس میں مڈل کلاس کی جماعتیں شرکت کرتی تھیں۔ میں ان کا جنرل سیکرٹری ہوا کرتا تھا۔ اس بزم ادب کی وجہ سے اتنی مشق ہو گئی کہ میں اس وقت بھی بغیر لکھے تقریر کیا کرتا تھا اور بعد میں اسی مشق نے مجھے اچھا استاد بننے میں مدد دی۔

اساتذہ وقت کے پابند ہوا کرتے تھے بڑی محنت سے پڑھاتے تھے۔ خاص طور پر پانچویں اور آٹھویں جماعت میں ٹیوشن مفت تھی اور یہ تقریباً رات تک جاری رہتی تھی۔ استادوں کی بڑی عزت ہوتی تھی۔ مثلاً ایک دفعہ جب میں تیسری جماعت میں تھا، میرے استاد نے مجھے کہا کہ اپنے گھر سے میرے لیے مکھن اور لسی لاؤ۔ ماں نے کہا کہ مکھن اور لسی ختم ہو گئی ہے۔ استاد سے یہ پوچھ لیں اگر وہ کہیں، تو اپنے سبزی کے کھیت سے انہیں سبزی دے دیں۔ یہی بات میں نے اپنے استاد سے کہی جس پر وہ ناراض ہوئے اور میرے ہاتھوں پر اتنے ڈنڈے مارے کہ میرے ہاتھ سوجھ گئے۔ آدھی چھٹی کے وقت گھر آیا اور رو کر ماں کو یہ ہاتھ دکھائے، تو ماں نے بڑی لاپروائی سے کہا کہ بیٹے استاد مارا کرتے ہیں۔ شاید ان کا یہی سبق میری تعلیمی کامیابی کا باعث بنا۔

سردیوں میں چھٹی تقریباً ساڑھے تین بجے ہوا کرتی تھی۔ اس کے بعد آدھے گھنٹے کے لیے مسجد چلے جاتے تھے جہاں ہم قرآن مجید پڑھا کرتے تھے۔ وہاں سے گراؤنڈ چلے

جایا کرتے تھے جہاں فٹ بال کھیلا کرتے تھے اور پھر جب ہم گھر کی طرف واپس آتے تھے، تو مغرب ہوا کرتی تھی۔ آج میں یہ سوچتا ہوں کہ اس ٹائم ٹیبل کے باعث ان پڑھ دیہات کے بچے کا سارا دن ایک پڑھے لکھے ماحول میں گزرتا تھا۔ اس کے مقابلے میں اب سکول کا دورانیہ نو بجے سے دو بجے تک ہوتا ہے یعنی بچے اٹھارہ انیس گھنٹے گلیوں بازاروں اور ٹی وی کے سامنے بیٹھ کر وقت ضائع کرتے ہیں اور یہی ہماری تعلیمی بربادی کی اصل وجہ ہے۔

ذرائع رسل ورسائل

ذرائع رسل ورسائل بہت محدود ہوا کرتے تھے۔ دیہاتوں کے درمیان اونٹوں، گھوڑوں، گدھوں اور بیل گاڑیوں پر سفر کیا جاتا تھا۔ نوتال سے گنداواہ تک ایک بس جایا کرتی تھی اور وہ بھی ہفتے میں صرف دو دن۔ کوئٹہ مستونگ سے یا جیکب آباد سکھر سے لوگ ٹرین کے ذریعے آتے تھے۔ رات نوتال اسٹیشن پر ٹھہرا کرتے تھے، وہاں پر ایک سرائے ہوتی تھی۔ جس کو میر سرائے کہا جاتا تھا۔ وہاں ایک چوکیدار اور چپراسی ہوا کرتا تھا کھانے پکانے کے برتن موجود ہوا کرتے تھے جو فیملیوں کو دیا کرتے تھے اور وہ خود کھانا پکا لیتے تھے۔ نوتال سے گنداواہ تک کا راستہ تین چار گھنٹے میں طے ہوتا تھا۔ راستہ کچا تھا، مٹی بہت آتی تھی، لیکن لوگ ہنستے کھیلتے ایک دوسرے کے ساتھ مذاق کرتے ہوئے آتے تھے۔ ۲۹۹۱ئ میں گنداواہ روڈ پکا ہو گیا اور ماشائ اللہ آج آٹھ ویگنیں اور کئی بسیں جیک آباد کو جاتی ہیں۔ گنداواہ سے نوتال تک کا راستہ صرف ایک گھنٹے میں طے ہو جاتا ہے، لیکن راستے میں ڈاکا پڑنے یا اغوا ہونے کا خوف ہمیشہ طاری ہوتا ہے۔ راستے کو محفوظ

کرنے کے لیے بہت سی لیویز چوکیاں بنائی گئی ہیں۔ اب جب میں نوتال سے گنداواہ کا سفر کرتا ہوں، تو ذہن میں یہ سوال ابھرتا ہے کہ وہ ساڑھے تین گھنٹے کا سفر جس میں مٹی مٹی ہو جاتے تھے، لیکن سفر بہت سکون اور ہنسی خوشی سے کیا کرتے تھے، وہ زیادہ اچھا تھا، یا آج کا سہل سفر، لیکن ڈاکے اور اغوا کے خوف کے ساتھ۔

دو سفر

میں نے نوتال سے گنداواہ تک دو سفر پیدل کیے، ایک سردی میں ایک گرمی میں۔ پہلا سفر ۱۶۹۱ئ کے اگست کے مہینے میں کیا۔ میرے بہنوئی قلات میں پٹواری تھے۔ گرمیوں میں، میں ان کے پاس گیا۔ اگست کے مہینے میں وہاں سے میں واپس ہوا۔ کیونکہ گرمیوں کی چھٹیوں کے بعد سکول کھل رہے تھے اور جھل مگسی جا کر میں نے سکول میں حاضر ہونا تھا۔ میں نوتال پہنچا جہاں سیگنداواہ جانے کے لیے سوائے پیدل جانے کے کوئی صورت نہیں تھی۔ ایک اونٹ والا نوتال سے سامان لے کر فقیر صاحب کی لانڈی کو جارہا تھا جو نوتال سے پندرہ میل کے فاصلے پر ہے۔ ہم کوئی ۹ بجے روانہ ہوئے اونٹ پہ سامان لدا ہوا تھا۔ اونٹ کی مہار اس شخص کے ہاتھ میں تھی اور ہم دونوں پیدل تھے میں اُس سے اس کے پاس ایک مشکیزہ بھی تھا۔ مجھے بار بار پیاس لگ رہی تھی اور میں ساربان سے مشکیزہ لے کر پانی پی رہا تھا۔ جب آگے جا کر میں نے اس سے پانی مانگا، تو اس نے کہا کہ میں ابھی آپ کو پانی نہیں دیتا آگے چل کر پی لینا۔ میرے دل میں خیال آیا کہ اس کی نیت خراب ہو گئی ہے اب یہ مجھے پانی نہیں دے گا اور مجھے پیاسا ہی مرنا ہے۔ تھوڑا سا چلنے کے بعد میں نے اس سے پانی مانگا، اس نے مشکیزہ میرے حوالے کیا اور کہا کہ پی لو۔ پانی بہت تھوڑا تھا میں نے پی لیا اور پھر سفر شروع کیا۔ ایک دو کلو میٹر چلنے کے بعد مجھے پھر پیاس لگی

میں نے پانی مانگا، تو اس نے مجھے کہا کہ وہ سامنے آپ کو درخت نظر آ رہے ہیں ہمت کرو اور وہاں تک پہنچو کیونکہ مشکیزہ اب خالی ہے گرنا نہیں۔ بہر حال ہمت کر کے وہاں تک ہم پہنچے تھوڑا سا پانی بہت چھوٹے سے تالاب کی صورت میں موجود تھا۔ مٹی کی وجہ سے اس کا رنگ چائے جیسا تھا اور گرم بھی چائے جتنا ہی تھا۔ میں وہاں سے چلو بھر کے پانی پی بھی رہا تھا اور یہ بھی سوچ رہا تھا کہ اس جوہڑ میں جانوروں نے بھی پانی پیا ہو گا۔ شاید کتے بھی گھسے ہوں، لیکن مجبوری تھی۔ اس اونٹ کے مالک نے راستے میں شاید ایک دو دفعہ تھوڑا سا پانی پیا۔ کچی 'بھنگ، ایک نشہ آور بوٹی اس کے منہ میں تھی جسے وہ چباتا ہوا آ رہا تھا اور اس وجہ سے اسے پیاس نہیں لگ رہی تھی۔ ہم دوپہر کے قریب لانڈھی شریف پہنچے، لانڈی کے فقیر ایک چارپائی پر بیٹھے ہوئے تھے۔ ان سے چالیس پچاس آدمی نیچے چٹائیوں پر بیٹھے تھے۔ میں نے ان کے ساتھ اپنا تعارف کروایا کہ میں تیمور کا چھوٹا بیٹا ہوں۔ وہ میرے ساتھ گلے ملے اور مجھے چارپائی پر سرہانے کی طرف بٹھایا۔ میں شرمندہ بھی ہو رہا تھا اور بات بھی سمجھ میں نہیں آ رہی تھی۔ بعد میں شعور آنے پر پتا چلا کہ وہ یہ خیال داری میری وجہ سے نہیں کر رہا تھا بلکہ سید ہونے کے ناتے یہ سب کر رہا تھا کیونکہ اللہ والے اللہ کے رسولؐ کی خاطر اس کی اولاد کا خیال رکھتے ہیں۔

یہاں سے میں دو میل دور ایک اور گاؤں مروڑ گیا۔ وہاں پر کچھ ایسے گھرانے تھے جو ہمارے رشتے داروں کے مرید تھے۔ میں ایک رات ان کے پاس رہا۔ انہوں نے مجھے کالی جوار کی روٹی گڑ کے ساتھ پیش کی کیونکہ ان غریبوں کے پاس اس کے علاوہ کچھ نہیں تھا۔ بہر حال میں نے گنداواہ کا یہ سفر تین دن میں طے کیا۔ تیسرے دن مغرب کے وقت گنداواہ پہنچا اور پھر جھل مگسی چلا گیا۔ میرے پاؤں پھٹ چکے تھے لہٰذا میں تین مہینے تک بوٹ استعمال نہ کر سکا صرف باٹا کے ہوائی چپل پہنا کرتا تھا۔

دوسرا پیدل سفر مجھے ۱۹۶۹ئ میں کرنا پڑا۔ اس وقت میں کراچی یونیورسٹی میں ایم اے سال دوم کا طالب علم تھا۔ یہ رمضان کے آخری دن تھے اور ہم عید منانے کے لیے گنداواہ جارہے تھے۔ نوتال پر آکر معلوم ہوا کہ سیلاب آیا ہوا ہے اور راستہ مکمل طور پر بند ہے۔ چونکہ اس وقت کوئی ڈیم نہیں تھے لہٰذا سردیوں اور گرمیوں میں دو ایک مہینوں کے لیے راستے سیلاب کے باعث مکمل بند ہوا کرتے تھے۔ میرے شہر کے کافی دوسرے لوگ بھی آئے ہوئے تھے۔ مجھے اس سفر کی تکلیف کا اندازہ تھا لہٰذا میں واپس جانا چاہتا تھا، لیکن انہوں نے مجبور کیا کہ ہم پیدل چلیں گے۔ لہٰذا مجبوراً ان کا ساتھ دینا پڑا۔ نوتال سے ہم لانڈی شریف آئے اور وہاں سے پھر اسی چھوٹے دیہات مروڑ میں پہنچے جو ہیگن ندی سے دو تین کلومیٹر پہلے ہے۔ سردی بہت سخت تھی۔ ہم سب ایک کمرے میں تھے اور درمیان میں درخت کا ایک تنا جل رہا تھا۔ کھانے کو کچھ نہیں تھا، جوار کی روٹی کے ساتھ ہم امرود کھا رہے تھے۔ رمضان کا مہینہ تھا۔ مسئلہ یہ تھا کہ روزہ کیسے رکھیں تین چار آدمیوں کے سوا سب نے یہ کہا کہ ہم روزہ نہیں رکھیں گے۔ رات کا کوئی نو دس بجے کا ٹائم تھا اور تقریباً ہم سب رضائیوں میں جا چکے تھے کہ ایک صاحب تشریف لائے۔ انہوں نے پوچھا کہ محبوب علی پٹواری کہاں ہے۔ ہم نے انہیں بتایا کہ وہ چارپائی پہ سوئے ہوئے ہیں۔ وہ ان پٹواری کے پرانے واقف کار تھے، خود وہاں کے زمین دار تھے، پٹواری سے حال احوال پوچھا اور ان سے کہا کہ آج آپ کی میرے ہاں دعوت ہے۔ جونہی ہم سب مسافروں نے یہ گفتگو سنی، تو سب اپنی رضائیوں سے باہر نکل آئے کیونکہ یہ ایک غیبی امداد لگتی تھی۔ جہاں جوار کی روٹی امرود کھانا پڑے وہاں مرغی، گندم کی روٹی بہشتی خوراک ہی لگ رہی تھی۔ اس سردی میں دودھ کی چائے ایک خدائی نعمت تھی۔ وہ رئیس صاحب یہ تمام چیزیں گھر سے لے آئے پہلے ہم نے چائے بنا کے پی، اس کے بعد سالن

تیار کیا اور یہ سب کرتے ہوئے سحری کا ٹائم ہو گیا، ہم نے روزہ رکھا اور پھر صبح کو آگے کے سفر پر چل پڑے۔

سارے دن کے سفر کے بعد ایک سیلابی ندی کے پاس پہنچے جسے مقامی زبان میں ہینگن کہا جاتا ہے۔ یہ دریائے ناڑی کا علاقائی نام ہے۔ یہ ندی اپنے کناروں سے باہر بہ رہی تھی۔ پانی اتنا ٹھنڈا تھا کہ ٹانگوں پہ جہاں لگتا تھا ایسے معلوم ہوتا تھا کہ کوئی چاقو کے ساتھ جسم چیر رہا ہے۔ اس ندی کو اس حالت میں پار کرنا ناممکن نظر آتا تھا۔ ندی کے اس پار ایک چھوٹا سا دیہات تھا جسے اوڈھانہ کہتے ہیں۔

موت صاف نظر آ رہی تھی۔ لہٰذا میں نے اپنے ہی چچازاد بھائی انور شاہ سے کہا کہ اب راستے دو ہیں، بہادری کی موت یا بزدلی کی، اور فیصلہ کیا کہ ندی تیر کر پار کریں گے۔ ہم لوگ اچھے تیراک تھے کیونکہ بچپن ہی سے اپنے شہر کی دریائے مولا کی سیلابی ندی میں گرمیوں کے تین مہینے مچھلی کی طرح تیرا کرتے تھے۔ بہر حال ہم نے ندی تیر کر پار کی۔ دوسری طرف ہمارے ہی گاؤں کے ماسٹر عبد العزیز وہاں تعینات تھے، ان کے پاس گئے کیونکہ ہم کپڑوں سمیت تیرے تھے اور سردی کی وجہ سے کانپ رہے تھے۔ وہ اپنے کپڑے لائے، تو ہم نے کپڑے بدلے اور سکول کے کمرے میں ایک موٹے درخت کا تنا جلایا۔ اس آگ کے باعث کافی گھنٹوں کے بعد ہمارے جسم کی سردی ختم ہوئی۔ ہمارے باقی ساتھیوں کی تعداد تقریباً دس تھی مجھے یقین تھا کہ یہ کل کو ہمیں زندہ نہیں ملیں گے، کیونکہ یہ جنوری کی رات تھی اور ان کے پاس اوڑھنے کو کچھ نہیں تھا۔ چاروں طرف گیلی زمین تھی۔ مجھے یاد ہے کہ میں نے منت مانی کہ کل صبح اگر میں نے انہیں زندہ دیکھا، تو پانچ روپے خیرات کروں گا جو اس وقت کے حساب سے بڑی رقم تھی۔ دوسرے دن یہ زندہ ہی ملے۔ سیلاب کا پانی اُتر چکا تھا۔ ہم نے ندی کے دونوں کناروں پر رسی باندھ کر ان

کے سہارے اور دوسرے تیراکوں کے ذریعے باقی ساتھیوں کو ندی پار کروائی۔ دو دن کا مزید سفر کر کے ہم گنداواہ پہنچے راستے میں کیچڑ اور سردی کے سوا کچھ نہیں تھا۔ یہ میرے دو پیدل یادگاری سفر تھے جو نوتال سے گنداواہ تک پینتالیس میل پر محیط تھے۔

ایک یادگار واقعہ

اس وقت میری عمر کوئی پینتیس چھتیس سال تھی۔ میری ابھی شادی نہیں ہوئی تھی۔ میں جب شہر جاتا تھا، تو ہر بڑی بوڑھی شادی ہی کا پوچھتی تھی اور میں تنگ آ جاتا تھا۔ ایک دن میرے ایک خالہ زاد بھائی عطائی محمد شاہ آئے، وہ ایک چھوٹے سے دیہات فتح پور میں رہتے ہیں، اس وقت ان کے دیہات میں کوئی بھی پڑھا لکھا نہیں تھا۔ وہ میرے ساتھ بیٹھے اور دیہاتی انداز میں بات شروع کی اور کہا "بھائی میرے مقابلے میں تمہیں ایک آنہ بھی عقل نہیں، لیکن تم نے ایک کام اچھا کیا ہے کہ ابھی تک شادی نہیں کی، میں نے ان سے کہا کہ شادی نہ کرنے پر لوگ مجھے پریشان کرتے ہیں اور تم یہ کہہ رہے ہو کہ میں نے عقل مندانہ کام کیا ہے، آخر وجہ کیا ہے؟ انہوں نے جواب دیا کہ میرا ایک جوان بیٹا ہے، میں اسے کہتا ہوں کہ بیلوں کو ندی سے پانی پلا کر آؤ۔ وہ مجھے جواب دے دیتا ہے۔ میں اسے اس لیے نہیں مارتا کہ یہ اب جوان ہے اور اس کے منہ پہ ڈاڑھی آگئی ہے۔ بددعا نہیں دے سکتا کہ پیروں فقیروں سے مانگ مانگ کر لیا ہے۔ اب کروں، تو کیا کروں۔ اس وقت مجھے اس کی اس بات پر ہنسی آئی کہ مجھے اس کے مقابلے میں ایک آنہ بھی عقل نہیں حالانکہ میں پولیٹیکل سائنس ڈیپارٹمنٹ کا چیئرمین تھا اور وہ ایک ان پڑھ دیہاتی، لیکن آج شادی اور بچوں کے تجربات کے بعد میں یہ سمجھتا ہوں کہ اس نے یہ

بات درست کی تھی کہ مجھے اس کے مقابلے میں ایک آنہ بھی عقل نہیں کیونکہ عقل تجربات اور مشاہدات سے آتی ہے صرف ڈگری اور تعلیم سے نہیں۔

میرے شہر میں ہر طرح سے تبدیلی آچکی ہے۔ تمام روایتی کھیلیں ختم ہو چکی ہیں اور اب صرف ٹی وی اور کیبل توجہ کا مرکز بن گئے ہیں۔ تمام روایتی کھانوں جو کہ اکثر سبزیوں اور دالوں پہ مشتمل ہوا کرتے تھے، ان کی جگہ گوشت اور کڑاہی گوشت نے لے لی ہے۔ سردیوں میں تین ماہ جوار کھائی جاتی تھی۔ مونگ کی دال پکائی جاتی تھی کیونکہ اس وقت مونگ کی فصل آتی تھی۔ سرسوں کا ساگ سردیوں کا خاص کھانا تھا۔ اسے لہسن کا تڑکا لگتا تھا۔ ٹینڈے اور خربوزے عام تھے ٹینڈے اُبال کر بغیر روٹی کے کھائے جاتے تھے۔ خربوزے ایک روپے میں من سے زیادہ ملتے تھے۔ یہ کھانے آج کی مختلف بیماریوں شوگر، بلڈ پریشر اور دل کے دوروں کا علاج بھی تھے۔ اب گنداواہ شہر میں ایک سکول نہیں کئی سکول ہیں۔ پاؤں سے کھینچنے والی جھلی کی بجائے پنکھے کولر اور اے سی لگ چکے ہیں لوگوں نے جنریٹرز کا بھی استعمال شروع کر دیا ہے۔ پکی جگہیں بن چکی ہیں ان کے ساتھ اٹیچ باتھ روم بھی ہیں۔ خط کے بجائے ٹیلی فون اور موبائل کا بے تحاشا استعمال ہو رہا ہے۔ گنداواہ کے بس اڈے پر درجنوں کی تعداد میں بسیں ویگنیں اور سوزوکیاں کھڑی ہیں۔ ایک تحصیل دار کی جگہ ہر محلے میں انیس بیس گریڈ کے آفیسر موجود ہیں۔ اب بٹائی نہیں ہوتی صرف عشر لیا جاتا ہے۔ ہل نہیں چلایا جاتا ٹریکٹر چلتے ہیں۔ گندم کو صاف کرنے کے لیے تھریشر موجود ہیں، زیادہ تر لوگوں کے پاس اپنی گاڑیاں ہیں اگر نہیں ہیں، تو موٹر سائیکل اور سائیکلیں بہت ہیں۔ کلہاڑی اور تلوار کی جگہ کلاشنکوف نے لے لی ہے۔ لباس بھی تبدیل ہو گیا ہے اور اکثر لباس ٹی وی ڈراموں اور فلمی ایکٹروں کے طرز پر ہوتے ہیں۔ یہ یقیناً ترقی ہے، لیکن یہ ترقی مادی ہے۔ میں اکثر محسوس کرتا ہوں کہ لوگ

باہر سے بہت خوش ہیں۔ لباس اچھا ہے، گھر اچھے ہیں، کھانے بھی اچھے ہیں، لیکن ان کا اندر تباہ ہو چکا ہے۔ پہلے تو کوئی روایت بچی نہیں اگر بچی ہے، تو صرف خالی روایت ہے اس کے پیچھے کا احساس تباہ ہو چکا ہے۔ ہم ہر وقت خوف میں مبتلا رہتے ہیں۔ انصاف ملتا ہے نہ ہمدردی پیسے پورے نہیں پڑتے۔ رشتوں کا احترام ختم ہو گیا ہے اور مزید ختم ہوتا جارہا ہے۔ معزز لوگ وہ ہیں جنہیں ہم بڑا آدمی، تو کہہ سکتے ہیں، لیکن خاندانی آدمی نہیں کہہ سکتے۔ وہ اس جگہ پر کسی مثبت کوشش سے نہیں پہنچا بلکہ اس کا یہ مقام جھوٹ بے ایمانی اور چاپ لوسی کا نتیجہ ہوتا ہے۔ جو اعام ہے شراب باعث فخر ہے غریب کا رونا دھونا بڑھ گیا ہے۔ عقل مندی کو چالاکی سے بدل دیا گیا ہے۔ چوری ڈاکا اغوا عام ہے۔ اس کا تدارک ناممکن نظر آتا ہے۔ معاشرتی، معاشی، علمی ترقی یا ایسی تبدیلی جس نے ہمارے اندر کو تباہ اور انسانیت کو برباد کر دیا۔

میں جب چھوٹا بچہ تھا، تو بڑے بوڑھوں کی مسجدوں میں دعائیں سنا کرتا تھا۔ یہ اکثر کہا کرتے تھے "یہ دنیا ایک گھڑی کی رہائش ہے۔ اے اللہ ہمیں چڑھی جوتی کی موت دینا" یعنی محتاج کر کے نہ مارنا کسی کو کوئی خوشی حاصل ہوتی تھی، یعنی نوکری ملتی تھی، عہدہ حاصل ہوتا تھا یا زمین وغیرہ خرید تا تھا، تو اس سے کہا کرتے تھے کہ اس میں تمہارے لیے خیر ہو۔ عجیب عجیب دانائی کے قصے بیان کرتے تھے۔ شکوہ کرنے کو سؤر کے گوشت کھانے کے مترادف سمجھتے تھے۔ جھگڑے کی صورت میں فوراً صلح کروایا کرتے تھے۔ ایمان داری کی قدر کرتے تھے اور اس کا پرچار بھی کرتے تھے۔ معاشرتی روایات کو اہمیت دیتے تھے۔ بہادری کے قصے سنایا کرتے تھے اور بزدلی دکھانا موت سے بدتر تصور کرتے تھے۔ ماں باپ اور رشتے داروں کا احترام ان کی روایت تھی۔ چھوٹے بچوں کے ساتھ گھل مل جاتے تھے۔

اب میں موجودہ علم اور تجربے کو سامنے رکھتے ہوئے یہ محسوس کرتا ہوں کہ شاید میرے علم میں کوئی اضافہ نہیں ہوا، صرف میرے تجربے اور علم سے یہ ثابت ہوا ہے کہ دیہات کے وہ سادہ اور ان پڑھ لوگ جو کچھ کہا کرتے تھے وہی دنیا کی حقیقت اور سچائی تھی۔ علم انہی کے پاس تھا، ہمارے پاس تو بس ڈگریاں اور اصطلاحیں ہیں اور ان کو پیش کرنے کا اچھا انداز ہے اور ہمیں یہ بھی پتا نہیں کہ یہ اصطلاحیں کس حد تک حقیقت اور سچائی پر مبنی ہیں۔ ہمارے پاس ایسا علم ہے جس کا تجربہ ہمارے پاس نہیں کیونکہ یہ علم کسی اور معاشرے سے لیا گیا ہے۔ پہلے تو یہ ہم پر لاگو نہیں ہوتا اور لاگو ہوتا ہے، تو مطلوبہ نتائج نہیں دیتا۔ لہٰذا بہت حد تک یہ ہمیں خباثت اور نقصان کی طرف لے جاتا ہے۔

ملازمت سے نوکری تک

جب میں نے سروس شروع کی تو میں اپنے آپ کو ملازم سمجھتا تھا اور میں ملازم اسے سمجھتا ہوں جو سرکار کا ملازم ہو، لیکن جب میں اگست ۲۰۰۵ئ میں سبکدوش ہوا تو میں نوکری کر رہا تھا اور آج نوکری کا مطلب میرے نزدیک یہ ہے کہ سرکار کا ملازم نہیں بلکہ باس (سربراہِ ادارہ) کا نوکر ہوں۔ یہ بھی ہمارا ایک سفر ہے اور یہ بھی زوال پذیری کا نتیجہ ہی ہے۔

سبی۔ ۲۵ اپریل ۱۹۷۰ء اگست ۱۹۷۱ء

جب میں نے ایم اے کا امتحان پاس کیا تو مجھے گھر میں ڈپٹی ڈی ای او ضلع کچھی کا آرڈر

ملا، اصل میں اس وقت معدودے چند لوگ تھے جنہوں نے بلوچستان سے ایم اے کیا تھا۔ ہم سے زیادہ حکومت کو ہماری ضرورت تھی۔ للہذا بغیر درخواست کے ملازمت کے لیے تقرری کا حکم نامہ ملا لیکن چونکہ میں نے ابھی ایل ایل بی فائنل کا امتحان دینا تھا جو فروری ۱۹۷۰ء کو ہونا تھا۔ علاوہ ازیں میرا ارادہ براہ راست لیکچرر بننے کا تھا۔ للہذا میں نے ملازمت کی اس پیش کش کو قبول نہیں کیا۔

فروری میں امتحان دیا دو مہینے گنداواہ میں رہا اور پچھتا رہا تھا کہ ملازمت کیوں نہیں کی اور پھر کوئٹہ روانہ ہوا۔ خیال یہ تھا کہ اب جو بھی ملازمت ملی کر لوں گا۔ بس رات آٹھ بجے کوئٹہ پہنچی اس کا ڈرائیور ہندو تھا۔ میں ہاسٹل گیا دوستوں کے پاس اپنا سامان رکھا جب ہاسٹل سے نکلنے لگا تو مجھے میرے ایک ہم جماعت اختر ندیم ملے جنہوں نے بعد میں ریڈیو پاکستان میں ملازمت اختیار کی اور بڑے عہدے تک پہنچے، انہوں نے کہا "سر کیا حال ہے؟" میں نے اسے کہا کہ سر بھی بن جائیں گے مذاق کیوں اڑا رہے ہو۔ اس نے کہا نہیں میں مذاق نہیں اُڑا رہا کیونکہ تین چار دن پہلے آپ کے لیکچرر کے لیے تقرری کے آرڈر ہو گئے ہیں۔ میں صحیح بات معلوم کرنے کے لیے بابو پیر محمد جو ڈائریکٹر ایجوکیشن کے سپرنٹنڈنٹ تھے، کے گھر گیا انہوں نے کہا کہ آپ کا آرڈر ہو گیا ہے اور آپ جلدی جا کر سبی انٹر کالج میں رپورٹ کریں کیونکہ دیر کرنے سے آپ کی سینیارٹی متاثر ہو گی۔ صبح سویرے پھر میں نے سبی کے لیے بس لی، بس وہی تھی جس میں میں رات کو آیا تھا۔ چونکہ پانچ بجے صبح واپس جا رہا تھا تو ڈرائیور نے پوچھا کہ آخر آپ کو کوئٹہ میں کون سا ایسا کام تھا کہ رات آٹھ بجے آئے اور پانچ بجے واپس جا رہے ہو۔

۲۵ / اپریل ۱۹۷۰ئ کو میں نے انٹر کالج سبی میں بطور لیکچرر پولیٹیکل سائنس ملازمت اختیار کر لی۔ اس وقت ریاضی کے پروفیسر عزیز احمد، پرنسپل تھے اور انور کھیتر

ان انگلش کے پروفیسر تھے۔ انہوں نے میری جائننگ رپورٹ لکھی اور میں نے ملازمت اختیار کر لی۔ میرے دوستوں ساتھیوں میں عزیز جمالی، راجا یاسین، غلام حسین، عبد السلام جو بعد میں پنجاب چلے گئے، ہمارے ساتھی لیکچرر تھے۔ اس وقت کالج جمالی ہاؤس میں کام کر رہا تھا جو کہ سبی کے جیل روڈ پر جیل خانے کے ساتھ ہی ہے۔ بعد میں کالج کی نئی بلڈنگ بنی جو کہ سبی کی نمائش گراؤنڈ کے ساتھ ہے۔ اور ہم اس میں منتقل ہو گئے۔ سبی کالج اب بھی اسی عمارت میں ہے۔ اس وقت اس کالج میں سبی کے علاوہ کچھی انور ڈیرہ مراد جمالی کے طالب علم بھی پڑھا کرتے تھے۔ ان کے لیے ایک ہاسٹل تھا کالج کا ماحول بہت دوستانہ تھا۔ کلاسیں بہت پابندی کے ساتھ لگا کرتی تھیں۔ اس کے علاوہ تقریری مقابلے ڈرامے وغیرہ بھی ہوا کرتے تھے اور میں ڈرامیٹک سوسائٹی کا انچارج تھا۔ ڈرامے میں کثیر تعداد میں لوگ شرکت کرتے تھے کیونکہ اس وقت تفریح کے سامان بہت کم ہوا کرتے تھے۔ اس وقت سبی ایک چھوٹا اور خوبصورت شہر تھا جس کی آبادی ریلوے پھاٹک اسٹیشن روڈ اور ہائی سکول روڈ تک محدود تھی۔ غریب آباد اور سبی لونی روڈ پر ابھی کوئی آبادی نہیں تھی۔ مشہور روڈ لیاقت روڈ تھا جس پر دو چار ہی اچھی دکانیں تھیں۔ ساقی ہوٹل کھانے کے لیے سب سے اچھا ہوٹل تھا اور اس کی سپیشل ڈش بٹیر کا سالن تھا۔ چائے والے ہوٹل بہت تھے۔ ایک سینما ہال تھا اور وہ بھی ٹوٹی پھوٹی حالت میں، اس میں جب کبھی اچھی فلم لگتی، تو ہم بھی دیکھا کرتے تھے۔

گرمیوں میں سبی بالکل خالی ہو جاتا اور سبی کے متعلق یہ تجزیہ بالکل درست تھا کہ گرمیوں میں لیاقت بازار کے ایک سرے سے گولی مارو تو دوسرے سرے تک چلی جائے کسی آدمی کو نہیں لگے گی کیونکہ کوئی آدمی ہوا ہی نہیں کرتا تھا۔ سیر و تفریح کے لیے ہم ناڑی گاج جایا کرتے تھے جو کہ پانی کی ایک تقسیم گاہ ہے انگریز کی تعمیر کردہ مضبوط اور

خوبصورت۔ جس کے پانی میں ہم تیرتے تھے مچھلیاں بھی تھیں غرض کہ پکنک کا لطف آ جاتا تھا۔

سبی کا گردونواح بہت خوبصورت ہے کیوں کہ وہاں پر پانی کی مستقل ندیاں بھی ہیں اور سیلابی پانی بھی آجاتا ہے۔ میں اکثر ولاری گاؤں جاتا تھا کیونکہ میرے دوست اختیار خان کا یہ گاؤں سبی کے مشرق کی طرف ہے اور دریائے ناڑی کے کنارے واقع ہے۔ اسی کے ساتھ پیرک کی آثار قدیمہ کی جگہ ہے اس وقت وہاں پر فرانسیسی آثار قدیمہ کے ماہر کام کررہے تھے۔ وہ پیرس کے رہنے والے تھے مئی کے مہینے میں کام میں مصروف تھے۔ ایک پانی کا مشکیزہ چھپر میں ٹنگا ہوا تھا۔ میں ان سے مل کر بہت خوش ہوا اور یہ سوچتا تھا کہ ان میں اپنے کام سے کس قدر لگن ہے کہ اس گرمی میں بھی خوشی خوشی اپنا کام کررہے ہیں جبکہ سبی کے لوگ کوئٹہ جاتے ہیں اور کام بند کردیتے ہیں۔ میں سبی میں اگست ۱۹۷۱ئ تک رہا اس کے بعد میرا تبادلہ ڈگری کالج کوئٹہ میں ہوا اور پھر میں مستقلاً کوئٹہ آگیا۔

اس وقت کالج کے پرنسپل میرے مرحوم استاد خلیل احمد صدیقی صاحب تھے۔ انہوں نے بزور میرا تبادلہ کروایا تھا۔ لیکن پرنسپل سبی انور کھیتران مجھے چھوڑنے کے لیے تیار نہیں تھے چونکہ میری اپنی دلچسپی کوئٹہ میں تھی۔ لہٰذا انہوں نے مجھے نہیں روکا۔

یہ ۱۹۷۱ء کے مشرقی پاکستان کے بحرانی دور کا واقعہ ہے کہ ہاسٹل کو بیس ہزار روپے فرنیچر کے لیے ملے میں نے ٹھیکیدار کو بلوایا اور اس سے بات کی۔ بہر حال اس کو آرڈر دے دیا اور اس آرڈر کے دو تین روز بعد ہمارے فنڈ جنگ کی وجہ سے منجمد ہوگئے۔ لہٰذا ہم نے آرڈر کینسل کیا۔ میں آج بھی سوچتا ہوں کہ یہ اللہ نے مہربانی کی اور ایک امتحان سے بچا دیا۔

اس وقت سیاست عروج پر تھی بلوچستان بحران کا شکار تھا۔ یہ ۱۹۷۳ء کی بات ہے

کہ طلبا نے ریلوے گارڈ کو اغوا کرنے کا منصوبہ بنایا اور اس کو اغوا کر لیا۔ دوسرے دن مشرق اخبار میں یہ خبر لگی کہ گارڈ کو اغوا کر کے ڈگری کالج کے ہاسٹل میں رکھا گیا ہے۔ پرنسپل نے مجھے بلایا اور اس کی تصدیق چاہی اور میں نے ان سے کہا کہ جناب ایسا بالکل نہیں ہے میں ذمہ داری لیتا ہوں۔ کالج سے واپس آ کر جب میں نے طلبا سے حقیقت حال معلوم کی تو انہوں نے بتایا کہ جناب ایسا منصوبہ تھا۔ ہمیں کہا گیا کہ گارڈ کو اغوا کر کے آپ کے ہاسٹل لے جائیں گے۔ ہم نے جواب دیا کہ ایسا بالکل نہیں ہے لیکن وہاں مسئلہ استاد کے لحاظ کا ہے اگر اس نے تھوڑی سی بھی ہم سے شکایت کر دی تو یہ ہمارے لیے بہت شرمندگی کا باعث ہو گا۔ اصل میں یہ سب کچھ استاد شاگرد کے صحیح تعلق کا نتیجہ تھا۔ میرے خیال میں ایک مشفق قابل اور باکردار استاد چاہے بظاہر کتنا ہی کمزور کیوں نہ ہو شاگرد کبھی اس کے سامنے نہیں آتا۔

میں کالج میں اگست ۱۹۷۱ئ سے نومبر ۱۹۷۳ئ تک رہا اس دوران تین پرنسپل گزرے پہلے خلیل صدیقی صاحب تھے جو بعد میں ڈائریکٹر ایجوکیشن بن گئے۔ اس کے بعد سعید الحسن صاحب آئے اور پھر آخر میں سعید رفیق صاحب آئے۔ مرحوم سعید الحسن انگریزی کے پروفیسر تھے۔ بختیار صاحب ان کے بھائی تھے جو بعد میں بلوچستان یونیورسٹی کے کنٹرولر بھی رہے۔ سعید الحسن صاحب بہت ہی نفیس شخصیت کے مالک تھے۔ آہستگی اور بے تکلفی سے بات کیا کرتے تھے، ان کی شخصیت مسحور کن تھی۔ ایک دفعہ جب میں پرنس روڈ پر کیفے پہلوی کے سامنے کھڑا تھا تو سائیکل پر وہ میرے سامنے سے گزرے، ان کا سادہ سا لباس تھا۔ میں نے انہیں دیکھ کر سلام کیا یہ سلام دل کی گہرائیوں سے تھا اور اس سلام کے بعد میں سوچنے لگا کہ میں اتنے خلوص اور ادب کے ساتھ شاید صدر پاکستان کو بھی سلام نہ کرتا کیونکہ یہ سلام ایک شاگرد کا اپنے سادہ مشفق

اور قابل احترام استاد کے لیے تھا۔

نومبر ۱۹۷۳ء میں بطور لیکچرر پولیٹیکل سائنس بلوچستان یونیورسٹی میں بھرتی ہوا اور اس کے بعد تمام زندگی اسی ادارے میں گزری۔

بلوچستان یونیورسٹی ۱۹۷۳ء ۲۰۰۷ء

بلوچستان یونیورسٹی کا قیام ۱۹۷۰ء میں ہوا اور یہ بلوچستان کے صوبائی حیثیت حاصل کرنے کے بعد کا تحفہ تھا۔ بلوچستان یونیورسٹی نے ۱۹۷۳ء میں پولیٹیکل سائنس کا شعبہ قائم کرنے کا فیصلہ کیا کیونکہ اس سے پہلے یہ شعبہ گورنمنٹ ڈگری کالج سریاب روڈ میں کام کر رہا تھا۔ میں نے اور صلاح الدین صاحب نے لیکچرار پولیٹیکل سائنس کے لیے درخواستیں دیں۔ ہم پہلے ہی گورنمنٹ ڈگری کالج میں پولیٹیکل سائنس کے لیکچرر تھے۔ ہم دونوں کا انتخاب ہوا۔ ہمارا مطالبہ چار انکریمنٹس کا تھا اور یونیورسٹی نے ہمیں صرف دو کی آفر کی صلاح الدین صاحب تیار نہیں تھے۔ میں نے ان کو راضی کیا۔ ڈاکٹر ریاض احمد بھی بطور ایسوسی ایٹ پروفیسر منتخب ہوئے۔ مارچ ۱۹۷۴ئ سے شعبہ سیاسیات نے پہلے داخلے کیے ۱۹۷۵ء میں ڈاکٹر ریاض یونیورسٹی کو خیر باد کہہ کر اسلام آباد چلے گئے۔ اور صلاح الدین کو وظیفہ ملا اور وہ واپس نہ آنے کے لیے امریکہ روانہ ہوئے ان کا تعلق قدوسی برادران سے تھا۔ ابتدا میں پولیٹیکل سائنس کا شعبہ موجودہ اکنامکس کی لائبریری کے ساتھ تھا جو بعد میں موجودہ جگہ پر منتقل ہوا۔

جب میں یونیورسٹی آیا تو یونیورسٹی کے بہت سارے شعبہ جات قائم ہو چکے تھے اور پروفیسر کرار حسین اساتذہ کی تقرری میں بہت محتاط تھے۔ جو سینئر اساتذہ یونیورسٹی میں کام کر رہے تھے۔ ان کی اپنی ایک انفرادیت تھی نہ صرف وہ تعلیمی میدان میں ممتاز تھے

بلکہ زندگی کے معاملات میں بھی انفرادیت رکھتے تھے۔ ان میں سے سب سے زیادہ محترم احسن فاروقی تھے۔ یہ شعبہ انگریزی کے سربراہ تھے اور سبک دوشی کے بعد یہاں تشریف لائے تھے۔ اردو کی پروگریسیو تحریک کے ساتھ ان کا تعلق تھا۔ بہت ہی مشہور ناول 'شام اودھ، کے لکھاری تھے۔ ان کے ساتھ میرا گہرا تعلق تھا۔ ایک دفعہ پروفیسر غلام نبی اچکزئی کی شادی کی تقریب میں شرکت کے لیے ہم لوگ گلستان جارہے تھے کہ راستے میں ایک جگہ گاڑیاں رکیں تا کہ چائے پئیں۔ اسی دوران میں نے ان سے پوچھا کہ ڈاکٹر صاحب آپ کی عمر کیا ہے۔ وہ مسکرائے اور جواب دیا "شاہ صاحب! عمر مرنے کے بعد گنی جاتی ہے۔" بہت سادہ طبیعت کے تھے ان کے پاس سائیکل ہوتی تھی اور اپنا تمام کام خود کیا کرتے۔ اس وقت کوئٹہ میں گیس تھی نہیں مٹی کے تیل کا بحران ہو گیا۔ میں نے دیکھا کہ گیلن ان کے ہاتھ میں ہے، سائیکل پہ سوار ہیں مٹی کا تیل لینے جارہے ہیں۔ یونیورسٹی کے ریلوے پھاٹک پر مجھے ملے میں نے کہا سر ڈبا آپ مجھے دیں میں تیل لے آتا ہوں۔ اس وقت میرے پاس فاکس ویگن گاڑی تھی۔ انہوں نے جواب دیا شاہ صاحب آپ کب تک میرے کام کریں گے۔

بلوچستان میں تعلیم

چونکہ میرا تعلق شعبہ تعلیم سے ہے اور زیادہ تر وقت بلوچستان کے سب سے بڑے تعلیمی ادارے میں گزرا ہے۔ اس لیے تعلیمی نظام پر ایک نظر ڈالنا میرا فرض بنتا ہے۔ یہ کوئی علمی کام نہیں ہے بلکہ ایک مشاہدہ ہے۔ جو میں نے اب تک بلوچستان کی تعلیم سے متعلق حاصل کیا۔

میں نے بچپن میں محسوس کیا کہ بلوچستان میں تعلیم کو اور معلم کو ایک خاص حیثیت حاصل تھی۔ معلم دو قسم کے تھے ایک سرکاری اور ایک غیر سرکاری۔ غیر سرکاری معلم کو 'ملا، کا نام دیا جاتا تھا لیکن یہ وہ ملا نہیں تھا جس کو آج منفی انداز میں دیکھا جاتا ہے۔ ہر محلہ میں ایک ملا ہوتا تھا۔ جو کہ اس محلے کا ایک عقل مند آدمی شمار ہوتا تھا۔ یہ نماز پڑھاتا تھا بچوں کو قرآن مجید ختم کرواتا تھا۔ نکاح پڑھاتا تھا دھاگے تعویذ دیا کرتا تھا۔ اور محلے کے لوگ شرعی معاملات میں اس سے رجوع کرتے تھے۔ علاوہ ازیں بھی اس سے مشورے کیا کرتے تھے۔ کہنے سے مراد یہ ہے کہ یہ ایک پڑھا لکھا دانا اور قابل اعتبار شخصیت شمار ہوتا تھا۔ اس کی تعلیم فارسی میں ہوتی تھی۔ اس کے پاس تعلیم کی کوئی رسمی ڈگری نہیں ہوا کرتی تھی۔ اب ایسے ملا دیہاتوں سے معدوم ہو چکے ہیں۔

معلم کی دوسری قسم وہ اساتذہ تھے جو کہ سرکاری ملازم تھے۔ سرکاری سکولوں میں پڑھایا کرتے تھے۔ بلوچ معاشرے میں ان کی بہت عزت ہوا کرتی تھی۔ خاص طور پر اس کا شاگرد اس کی تمام عمر عزت کیا کرتا تھا۔ اس کو تین وقت کا کھانا کسی گاؤں یا محلے کے معزز کے گھر سے آیا کرتا تھا۔ اور یہ کھانا اس عزت و احترام کے ساتھ دیا جاتا تھا۔ جیسے کہ کسی مہمان کو دیا جائے اس کو کبھی بوجھ تصور نہیں کیا جاتا تھا۔ ان اساتذہ کا تعلق زیادہ تر پنجاب سے ہوتا تھا اور وہ بھی ڈیرہ غازی خان سے۔ یہ سال کے بارہ مہینے اپنی پوسٹنگ کی جگہ پر موجود ہوتے تھے۔ بہت کم گرمیوں اور سردیوں کی رخصتوں میں بھی گھر جایا کرتے تھے۔ اس صورت میں ان کا کام صرف پڑھانا ہوتا تھا اور یہ پڑھانا صرف اسکول ٹائم تک محدود نہیں تھا۔ اس وقت سکول کا ایک انسپکٹر سکولز ہوا کرتا تھا۔ جو کبھی کبھار سکولوں کا دورہ کیا کرتا تھا۔ یہ دورہ اکثر اونٹوں پہ ہوتا تھا۔ لیکن ان کا رعب داب اس قدر زیادہ تھا کہ اساتذہ بارہ مہینے اپنے آپ کو اس دورے کے لیے تیار رکھتے تھے۔ نتیجے کی خرابی

کی صورت میں استاد کو سزا ملتی تھی اور اس سزا کو بہت کم کوئی سفارش معاف کروا سکتیتھی۔

سکول کم تھے زیادہ تر پرائمری اور مڈل سکول تک محدود ہوتے تھے۔ کہیں یہ خان قلات کے زیر کنٹرول علاقوں میں آتے تھے۔ تو ان کا انتظام اور مالیات کا مہیا کرنا خان آف قلات کی ذمہ داری تھی۔ قبائلی ریاستیں جیسے مری بگٹی مینگل زہری وغیرہ وہ اپنے سکولوں کے خود ذمہ دار تھے۔ سکولوں کا نظم و نسق بھی ان کے ہاتھ میں ہوتا تھا اور مالیات بھی خود مہیا کرتے تھے۔ ان کی تعلیم کی طرف توجہ ان کے خلوص پر مبنی ہوا کرتی تھی۔ وہ علاقے جو کہ براہ راست تاج برطانیہ کے تحت تھے وہاں سکولوں کا انتظام وہ خود کرتے تھے۔ اس وقت کا مشہور سکول کوئٹہ کا سنڈیمن سکول تھا۔ پورے بلوچستان میں صرف ایک کالج تھا۔ جس کو آج کل ڈگری سائنس کالج کہتے ہیں اس کو بھی آزادی سے صرف کچھ سال قبل یعنی ۱۹۴۲ئ میں قائم کیا گیا۔

آزادی کے بعد تعلیم اپنے سابقہ معیار کے مطابق چلتی رہی۔ بلکہ حکومت نے اس کی طرف توجہ مرکوز رکھی۔ تعلیم معیار کافی اچھا تھا اساتذہ مخلص اور محنتی تھے۔ گو کہ ان کے پاس بڑی بڑی ڈگریاں نہیں تھیں۔ وہ باقاعدگی سے کلاسیں لیا کرتے تھے۔ سالانہ نتائج درست ہوا کرتے تھے۔ ان نتائج کی خرابی پر واقعی پوچھ گچھ ہوا کرتی تھی۔ اور سزا بھی دی جاتی تھی۔ جو اکثر انکریمنٹ رکنے کی شکل میں ہوا کرتی تھی۔ ۱۹۶۹ءمیں ون یونٹ ٹوٹ گیا۔ بلوچستان نے صوبائی حیثیت حاصل کرلی۔ ون یونٹ کا ٹوٹنا میرے خیال میں بلوچستان کی تعلیم پر قہر الٰہی بن کے گرا۔ اور یہ سب کچھ سیاست دانوں کے غیر معیاری اور بچگانہ عمل کا نتیجہ تھا۔ بلوچستان کے سیاست دانوں نے یہ فیصلہ کیا کہ وہ ان تمام اساتذہ کو جو ون یونٹ کے دوران ملازم ہوئے تھے۔ واپس پنجاب بھیجیں گے لیکن

تھوڑے تھوڑے کر کے۔ پنجاب کے چیف منسٹر غلام مصطفی کھر نے کہا کہ اگر بھیجنے ہیں تو ٹرینیں بھر کے بھیجو بات جذباتیت میں چلی گئی اور پنجاب کے تمام اساتذہ کو بھیج دیا گیا۔ تعلیم میں یہ ایسا خلا پیدا ہوا جس کو شاید کبھی بھی بھرا نہ جا سکے۔ ان اساتذہ کی جگہ اپنے علاقے سے اساتذہ لگائے گئے۔ یہ استاد کم تھے قبائلی لوگ زیادہ یعنی یہ کلاس نہ لینا اپنی قبائلی بڑائی سمجھتے تھے۔ اگر کہیں ہیڈ ماسٹر نان لوکل ہوتا تھا تو پھر اس کی بات جے وی ٹیچر بھی ماننے کو تیار نہیں ہوتا تھا۔ کلاسیں خالی ہوتی تھیں۔ اساتذہ ایک گھنٹے کے لیے سکول تشریف لاتے تھے۔ اپنی کلاس لے کر واپس چلے جاتے تھے۔ اور اگر قبائلی دشمنی ہو تو استاد اپنے ساتھ بندوق بھی لاتا تھا۔ جو اس کی کرسی کے ساتھ رکھی ہوتی تھی۔ ایسا نظارہ میں نے اپنی آنکھوں سے دیکھا۔ زیادہ تر اساتذہ سفارش پہ بھرتی ہوا کرتے تھے۔ میرے ہی شہر کا قصہ ہے کہ جے وی اساتذہ کے لیے دس نوکریاں آئیں لیکن امیدواروں کی تعداد بیس تھی۔ فیصلہ یہ ہوا کہ قرعہ اندازی کریں گے اور قرعہ اندازی میں نام کسی ایسے شخص کا نکلا۔ جو نقل کر کے میٹرک تو کر چکا تھا۔ لیکن چرس پینے اور بیچنے کے جرم میں چھ ماہ کی سزا کاٹ چکا تھا۔ بہر حال وہ ٹیچر بنا۔

انحطاط کا ایک طرف یہ سلسلہ جاری رہا اور دوسری طرف سکولوں کی تعداد میں اضافہ ہوتا رہا۔ پہلی جماعت سے دسویں جماعت تک سو فیصد طلباء کامیاب ہوتے تھے۔ یعنی مسئلہ امتحان نہیں تھا بلکہ سال گزرنا اور سالوں کا حساب کتاب ہوتا تھا۔ پرائمری کا امتحان بھی پچھلی ہی طرز پر ہوتا تھا۔ لیکن پرچے اساتذہ خود حل کرتے تھے اور پہلی دوسری تیسری پوزیشن کی بنیاد علمی قابلیت نہیں بلکہ اثر ورسوخ ہوا

***

کافر کوٹ کے کھنڈر

الحاج ایم زمان کھوکھر ایڈووکیٹ

ماضی میں وسطی ایشیا سے تجارتی قافلے اور جنگجو حملہ آور درہ گومل کے راستے برصغیر میں داخل ہوتے رہے۔ ڈیرہ اسماعیل خان کے قریب دریائے سندھ کے کنارے یہ لوگ پڑاؤ ڈالتے۔ دریائے سندھ ہی کے ذریعے تجارتی مال کشتیوں کے ذریعے مختلف اطراف روانہ کیا جاتا۔ دریائے سندھ عبور کرنے کے بعد ان تجارتی قافلوں اور جنگجو حملہ آوروں کی اگلی منزل ملتان ہوا کرتی تھی۔ ملتان کے بعد پاکپتن، دیپال پور، لاہور اور دہلی کارخ کیا جاتا۔ عموماً ملتان کے قریب ہی ان حملہ آوروں کو روک دیا جاتا۔

دریائے سندھ کا بیشتر حصہ پہاڑوں کے دامن میں ہے۔ ان پہاڑیوں کی چوٹیوں پر دریائے سندھ کے کنارے قدیمی قلعے، عبادت گاہیں اور تباہ شدہ بستیوں کے آثار ملتے ہیں۔ ایسے ہی آثار ڈیرہ اسماعیل خاں شہر سے ۹۳/ میل شمال کی طرف خیسور پہاڑ کی چوٹی پر جو کافر کوٹ کے نام سے مشہور ہے، واقع ہیں۔ یہاں سے چند میل کے فاصلے پر دریائے کرم اور سندھ آپس میں ملتے ہیں۔ کسی زمانے میں دریائے سندھ کافر کوٹ کے پہاڑوں کے نیچے بہتا تھا۔ جس پہاڑ پر یہ کھنڈر ہیں اس کے مشرق کی جانب آبی گزر گاہ ہے۔ آج کافر کوٹ کے تباہ شدہ کھنڈر کو نوکیلے تراشیدہ پتھروں اور خاردار جھاڑیوں نے لپیٹ میں لے رکھا ہے۔ پہاڑوں کی چوٹی پر ہونے کی وجہ سے یہ آثارِ قدیمہ ابھی تک

محفوظ ہیں۔ ہر طرف خاموشی ہی خاموشی ہے۔ دانش ور محمد شریف کے مطابق مسلمان اس قلعہ کو کافر کوٹ کے نام سے پکارتے ہیں جبکہ ہندو اسے راجہ بل کا قلعہ کہتے تھے۔

ان مندروں کی تعداد سات کے لگ بھگ ہے۔ خوبصورت تراشیدہ پتھروں سے تعمیر کیے گئے یہ مندر ماضی میں بہت خوبصورت شاندار تھے جو عظمت رفتہ کی شہادت دیتے ہیں۔ قدیمی دور کے یہ محل اور مندر راجہ بل نے تعمیر کروائے تھے۔ اسی سلسلے کا ایک قلعہ 'نند، ایک دشوار گزار پہاڑی علاقے میں واقع ہے۔

سلطان محمود غزنوی نے اپنے دسویں حملہ میں راجہ نندپال کو شکست دی تھی۔ قیاس یہی ہے کہ کافر کوٹ کا قلعہ اور مندر بھی سلطان محمود غزنوی کے ہاتھوں برباد ہوئے۔ کافر کوٹ کے قلعہ کے اندر پانی کا تالاب بھی تھا بارش کا پانی تالاب میں اکٹھا ہو جاتا تھا۔ تالاب کے گرد و نواح پوجا پاٹ کے لیے مندر بھی تھے۔ محلات اور فصیل کے آثار آج بھی موجود ہیں۔ بڑا مندر بائیں ہاتھ پر ہے، درمیان میں راستہ ہے جو بڑی عمارت کا حصہ ہیں۔ جیل خانے کے آثار بھی پائے جاتے ہیں۔ کافر کوٹ کے کھنڈرات کے تین اطراف بلند و بالا پہاڑ اور گہری کھائیاں ہیں جبکہ مشرق کی طرف آبی گزر گاہ ہے۔ ماضی میں قلعے یا حکمرانوں کے محل پہاڑوں پر تعمیر کیے جاتے تاکہ وہ دشمنوں اور حملہ آوروں سے محفوظ رہ سکیں۔ کافر کوٹ کے مندروں کی چہار اطراف ماہر کاریگروں نے خوبصورت ڈیزائن بنائے ہیں۔ مورتیوں اور روشنی کے لیے طاقچے بھی بنائے گئے ہیں۔ پہاڑی پر چڑھنے کے لیے پرانے زمانے کی ایک سڑک کے آثار پائے جاتے ہیں۔ چار بڑے تین چھوٹے یہ مندر چونے کے مقامی پتھر کنجور کی آمیزش سے بنائے گئے ہیں۔ موسم یا بارش کا اثر ان پتھروں پر نہیں ہوتا۔ یہ مندر مخروطی شکل کے ہیں۔ ان کی بیرونی سطح کچھ زیادہ مزیّن ہے۔ یہ آرائش بہت پیچیدہ اور باریک ہے جس پر سورج مکھی کے پھول بنے ہوئے ہیں۔

یہ تمام مندر تباہ شدہ قلعے کے اندر ہیں۔ یہ قلعہ دفاعی لحاظ سے محفوظ مقام پر بنایا گیا ہے۔ کافرکوٹ شہر کے ارد گرد پتھر کی مضبوط فصیل تھی جس میں حفاظتی مورچے بنائے گئے تھے۔ کہا جاتا ہے کہ یہاں ہندو راجہ بل کی حکومت تھی جس کا پایہ تخت بلوٹ تھا۔ اسے بل کوٹ یا بلوٹ کہا جاتا ہے۔ بل کا چھوٹا بھائی ٹل اوٹ کا بانی تھا۔ تیسرا بھائی اکلوٹ تھا جو بنوں کے نزدیک واقع آکرہ کا بانی تھا۔ آکرہ کا شہر سرسبز و شاداب اور خوشحال تھا جو سلطان محمود غزنوی کے ہاتھوں تباہ ہوا۔ آج ضرورت اس امر کی ہے کہ محکمہ آثارِ قدیمہ کافرکوٹ کے کھنڈرات پر خصوصی توجہ دے، ان تباہ شدہ قلعوں کے اسرار سے پردہ اٹھائے، ان پر تحقیق کر کے نئی نسل کو پرانے تہذیب و تمدن سے آشنا کرائے۔ وہ تہذیبیں جنہیں عالی شان محلات اور عظیم الشان قلعوں پر ناز تھا آج سب کی سب ڈھیر ہو چکی ہیں، جہاں کبھی زندگی اپنی ساری آسائشوں اور زیبائشوں کے ساتھ محوِ رقص تھی آج وہاں خاک اُڑ رہی ہے۔ یہی حالت پوٹھوار کے علاقہ میں قلعہ دان گلی، قلعہ پھروالہ، قلعہ سنگھی، قلعہ روات کے علاوہ کوہستان نمک کے علاقے میں قلعہ کسک، ملوٹ، راج کٹاس، شیو گنگا اور ماڑی کے مندروں کی ہے۔ ان تاریخی قدیم عمارتوں پر محکمہ آثارِ قدیمہ خصوصی توجہ دے۔ ٭٭٭

٭٭٭

آلو کھا کر آنسو جھیل دیکھیے

پیر عارف اللہ شاہ

۲۰۰۶ئ میں ہمارا آنسو جھیل دیکھنے کا پروگرام بنا، مگر بالاکوٹ سے اوپر کی سڑکیں بری طرح خراب اور بند تھیں اس لیے شدید خواہش کے باوجود پروگرام کو اگلے سال یعنی ۲۰۰۷ئ تک ملتوی کرنا پڑا۔ گیارہ جون ۲۰۰۷ئ کو رات آٹھ بجے پروگرام کے روح رواں فخر عالم نے اچانک آکر اطلاع دی کہ صبح سفر پر نکلنا ہے۔ میں پریشان ہو گیا کہ ایک رات میں کیسے تیاری کر سکوں گا۔ ہنگامی تیاری میں میں نے سارا زور گرم لباس پر لگا دیا۔ فیصلہ یہ ہوا تھا کہ چونکہ پہاڑوں کا پیدل سفر ہے اس لیے صرف 'دیوانوں ، کو ہی ساتھ لیا جایا تاکہ پروگرام میں خرابی نہ آئے۔ چنانچہ کلیم، فخر عالم، مشتاق اور میں تیار ہو گئے۔ ۱۲/جون کو پشاور سے سات بجے روانہ ہونے والی گاڑی نے ہمیں چار گھنٹے میں مانسہرہ پہنچا دیا۔ وہاں کھانا کھایا اور مہانڈری جانے والی گاڑی پر بیٹھ گئے۔ تین گھنٹے میں مہانڈری پہنچ گئے۔ واضح رہے کہ مانسہرہ سے فقط ایک گھنٹے کی مسافت پر بالاکوٹ شہر ہے۔ گاڑی یہاں کچھ سواریاں اتار کر اور کچھ کو بٹھا کر آگے چل دی۔ بالاکوٹ سے بڑی بڑی چڑھائیاں چڑھ کر گاڑی ایک ٹھنڈے یخ چشمے پر رکی جو گاڑیوں کے لیے سستانے کی جگہ ہے۔ یہاں گاڑی سے نکل کر اندازہ ہو گیا کہ ہم گرمی کی شدت والے علاقے سے نکل آئے ہیں۔

آنسو جھیل تک چار راستے جاتے ہیں۔

(ا)مہانڈری سے آنسو جھیل اور دوسری طرف سے اتر کر جھیل سیف الملوک سے ہوتے ہوئے ناران شہر۔ (ب)ناران سے جھیل سیف الملوک اور پھر آنسو جھیل اور دوسری طرف سے اتر کر مہانڈری۔

(ج)ناران اور جھیل سیف الملوک سے ہوتے ہوئے آنسو جھیل اور پھر واپس جھیل سیف الملوک اور پھر ناران۔ (د)مہانڈری سے آنسو جھیل اور واپس پھر مہانڈری۔

ہم نے پہلے والے طریقے کا انتخاب کیا یعنی آنسو جھیل اور پھر دوسری طرف سے اتر کر جھیل سیف الملوک سے ہوتے ہوئے ناران شہر پہنچے۔ ہم نے مہانڈری سے پہاڑی جیپ کرائے پر حاصل کی اور روانہ ہو گئے۔ پہاڑی علاقوں کے دکاندار اِن جیپوں پر بے تحاشا سامان چڑھا دیتے ہیں اور خود پرندوں کی طرح جیپ کے سلاخوں والے ڈھانچے کے اوپر بیٹھ جاتے ہیں۔ یہ منظر دیکھ کر میرے تو رونگٹے کھڑے ہو گئے اور تو اور جیپ نے مہانڈری سے یک دم پہاڑوں پر چڑھنا شروع کیا مگر ان لوگوں کو گرنے کا خوف ہی نہ تھا۔ پرندوں کی طرح آپس میں بول رہے تھے کہ جیسے اللہ نہ کرے جیپ کے گرنے کی صورت میں سب اڑ جائیں گے۔ انتہائی خطرناک راستوں پر چلتے ہوئے ڈیڑھ گھنٹہ بعد ایک پہاڑی درے میں جیپ رک گئی۔ پوچھنے پر معلوم ہوا یہ آخری منزل ہے۔ پہاڑی درے میں خالص لکڑی کا بنا ہوا دو منزلہ خریداری مرکز اور ساتھ میں بہتے پانی کا خوبصورت شور۔ مغرب کی قضا ہوتی ہوئی نماز کے واسطے جونہی وضو کے لیے پانی میں ہاتھ ڈالا تو جیسے برقی رو کا جھٹکا لگا۔ بے تحاشا ٹھنڈا پانی، وضو پورا ہی نہیں ہو رہا تھا۔ صلاح مشورے کے بعد دوسری منزل پر واقع لکڑی کے بنے بڑے کمرے جیسے ہوٹل میں رات گزارنا طے پایا۔ مہانڈری میں اور جیپ میں لوگوں سے آنسو جھیل کے بارے معلومات

لیتے رہے مگر گھر کی مرغی دال برابر کے مصداق کسی نے بھی ابھی تک وہاں جانے کی زحمت گوارا نہیں کی تھی، البتہ راستے کا علم سب کو تھا۔

صبح سویرے ہی سامان سے بھرے اپنے تھیلے اٹھا کر پیدل ہی چل پڑے کہ آگے کا راستہ صرف پیدل مسافت کے لیے ہی موزوں تھا۔ ایک گھنٹے میں پہاڑی سے ریوڑی پہنچے اور وہاں واقع ریوڑی آرام گھر چلے گئے۔ آرام گھر کا ملازم خوش اخلاقی سے پیش آیا۔ اس نے چائے، پراٹھے اور آلو کے قتلے بنا دیئے اور ہم نے ناشتا کیا۔ اس پورے علاقے کی قابل ذکر بات یہ ہے کہ یہاں کے لوگ انتہائی شریف اور تعاون کرنے والے ہیں۔ یہاں چاروں طرف دور دور تک بیش بہا سبزہ و گھاس اور اونچے اونچے درختوں کے جنگل ہیں۔ ہم نے خوب تصاویر بنائیں۔ آرام گھر کے ملازم کے مشورے سے یہاں سے ایک شخص کو راہبر کے طور پر ساتھ لیا کیونکہ آگے راستہ ختم ہونے سے بھٹکنے کا خطرہ ہوتا ہے۔ راہبر کو صرف آنسو جھیل تک کے لیے لیا گیا۔ آنسو جھیل سے جھیل سیف الملوک تک کا راستہ فخر عالم اور مشتاق کو معلوم تھا کیونکہ وہ پہلے بھی اس طرف سے چڑھے تھے مگر جھیل کو دھند کی وجہ سے دیکھ نہ سکے تھے۔ ایک غلطی کا ہمیں ریوڑی میں شدت سے احساس ہوا اور آنسو جھیل پر اس کا خمیازہ بھگتنا پڑا۔ وہ یہ کہ مہانڈری میں میرے اصرار کے باوجود کھانے پینے کی اشیا کی خریداری اگلی منزل تک ملتوی کر دی گئی۔ مجھے پہاڑی علاقوں میں گھومنے پھرنے کے تجربے کی وجہ سے یہ احساس کھائے جا رہا تھا کہ آگے اس طرح کا بازار نہیں ہو گا مگر میں چپ ہو گیا کہ خفگی پیدا نہ ہو۔ بہاڑی سے یہ سوچ کر نکلے کہ آگے چل کر خریداری کریں گے مگر ریوڑی میں کچھ تھا ہی نہیں۔ پراٹھے اور آلو کے قتلے ساتھ رکھ لیے۔ دوبارہ پیچھے جا کر بہاڑی سے خریداری کرنے کی میری تجویز یہ کہہ کر رد کر دی گئی کہ ہمیں کونسا راستے میں رکنا ہے اور شام تک جھیل سیف الملوک پہنچنا تو ہے۔

بحر حال راہبر کے ساتھ چل پڑے۔ پانی، برف اور سبزے کی حسین وادی کے پر پیچ راستوں پر چلتے ہوئے بلکہ اپنے لیے راستہ بناتے ہوئے اور چڑھتے ہوئے ڈیڑھ گھنٹے میں چند گھروں پر مشتمل قصبے ڈھاریاں پہنچ گئے۔ وہاں واقع گھروں کے مالک چند ہی روز پہلے نیچے سے اوپر آئے تھے۔ ڈھاریاں، ریوڑی اور بہاڑی کے لوگ سردیوں میں برفباری کی وجہ سے گھر چھوڑ کر نیچے چلے جاتے ہیں اور برف پگھلنے کے ساتھ ساتھ بالترتیب پہلے پہاڑی، پھر ریوڑی اور پھر ڈھاریاں کے لوگ واپس اپنے گھروں میں آتے ہیں۔

مزید دو گھنٹے بالکل سیدھی پہاڑی پر چڑھتے ہوئے ہم چھ گھروں پر مشتمل قصبے ڈھیر پہنچ گئے۔ اس سفر نے تو بالکل ادھ موا کر ڈالا۔ ایک جگہ تو پیاس کی شدت سے بہت ہی نڈھال ہو رہے تھے کہ راہبر نے کہا "یہاں سے قریب ایک چشمہ ہے، میں اس سے پانی لیکر آتا ہوں۔" وہ پانچ منٹ میں ہماری واحد بوتل بھر لایا تو پانی پی کر آنکھوں میں تازگی آگئی ورنہ جیسے نظر ختم ہو رہی تھی۔ آنسو جھیل سے پہلے ڈھیر کے مقام پر آخری پڑاوٗ ڈالنا پڑتا ہے۔ ہم وہاں دن بارہ بجے پہنچ گئے، تھکن سے چور اور بھوک پیاس سے نڈھال۔ پہنچتے ہی پانی پی لیا اور اپنی اپنی جگہ گر پڑے۔ کافی دیر تک دھوپ میں بے حس و حرکت پڑے رہے۔ ڈھیر کے لوگ ابھی آئے نہیں تھے اس لیے ان کے کمرے لکڑیوں اور شاخوں سے بھرے پڑے تھے۔ وہ لوگ نیچے اترتے وقت لکڑیاں کاٹ کر کمروں میں ٹھونس دیتے ہیں اور واپسی پر انہیں استعمال کرتے ہیں۔ ایک بجے ہم نے پراٹھے اور آلو کے قتلے کھا لیے۔ دو بجے نماز سے فارغ ہو کر روانہ ہو ہی رہے تھے کہ مشتاق نے کہا "میری ٹانگ میں درد ہو رہا ہے مجھ سے چڑھا نہیں جائے گا۔" اب معاملہ خراب ہونے لگا۔ وہ بضد تھا کہ رات یہیں رہ لیتے ہیں حالانکہ اسی روز جھیل سیف الملوک پہنچنا اسی کا منصوبہ تھا۔ اب رات رہنے کے لیے نہ تو خیمہ اور بستر تھے اور نہ ہی کھانے پینے کی اشیا۔

خوب بحث کے بعد ہم نے ان کے حق میں فیصلہ کیا کہ جب چلا ہی نہیں جا سکتا تو کیا کیا جائے۔ فیصلہ ہوا کہ رات کو کسی کمرے سے لکڑیاں نکال کر وہیں رہ لیں گے۔ اس وقت ٹھنڈی ہوا چل رہی تھی مگر ہم چادریں اوڑھ کر دھوپ میں سو گئے۔ ٹھنڈ کی وجہ سے نیم خوابیدہ تھے کہ بارش نے جگا دیا۔ آسمان پر جگہ جگہ بادل کے ٹکڑے نمودار ہو چکے تھے اور وقفے وقفے سے چند قطرے گر رہے تھے۔ ہم نے ان قطروں کو پیشگی اطلاع سمجھ کر جلدی جلدی ایک کمرے سے لکڑیاں نکال کر صفائی کی اور پھر موسم اور دنیا کے شور سے دور، خوبصورت وادی کے پہاڑوں، برف، سبزے اور صاف ستھرے اور پر فضا ماحول سے لطف اندوز ہونے لگے۔ مغرب ہونے کو تھی کہ بارش تیز ہو گئی۔ ہم کمرے میں گھس گئے۔ کلیم آگ جلانے لگا مگر لکڑیاں آگ پکڑ نہیں رہی تھیں۔ دھواں بہت زیادہ ہو رہا تھا اور ہم اسے برداشت کرنے پر مجبور تھے۔ اچانک مجھے اپنی ران کے قریب خارش اور شدید جلن محسوس ہوئی۔ کافی دیر تک تو میں برداشت کرتا رہا مگر بارش کے تھمتے ہی باہر نکل کر ایک ساتھی کی بیٹری کی روشنی میں جو دیکھا تو میرے پاؤں کے نیچے سے تو زمین نکل گئی۔ ٹھنڈ کو میں بھول گیا۔ مکھی جتنا کوئی گلابی رنگت والا کیڑا میرے بدن میں گھسا ہوا تھا، آدھی اندر اور آدھی باہر۔ پہلے میں نے ساتھیوں کو دیوانہ وار پکار کر باہر نکلنے کو کہا کہ کہیں ان کے ساتھ بھی ایسا نہ ہو جائے اور پھر اس چیز کو پکڑ کر کھینچتا رہا مگر وہ ناخنوں سے پھسلتی رہی۔ انتہائی تکلیف دہ حالت تھی۔ آخر ایک بھرپور جھٹکے سے نکل تو گئی مگر میری بھی چیخیں نکل گئیں۔ میں درد اور جلن سے بری طرح تڑپ رہا تھا۔ کافی چھوٹی عمر سے میں اردو ڈائجسٹ میں اس قسم کے مضامین، سفرنامے، سنسنی خیز اور جاسوسی سے بھرے واقعات اور ناول افسانے پڑھتا آ رہا ہوں، جن میں قسم قسم کی خطرناک اور عجیب و غریب چیزوں سے واسطہ پڑتا رہتا ہے مگر اس مرتبہ میرے ساتھ ہی ایسا واقعہ پیش آیا کہ دم بخود

رہ گیا۔ اس نے جسم کے اندر داخل ہو کر کیا کرنا تھا؟ اسکا سانس کیوں بند نہیں ہو رہا تھا؟ اگر میں نکالنے میں ناکام ہو جاتا تو کیا ہوتا؟ اگر نکالنے کے بعد بھی مجھے کچھ ہو گیا تو کیا کریں گے؟ عجیب سوالات ذہن میں جنم لے رہے تھے۔ وہ دُور دراز پہاڑی مقام ہے جہاں ان دنوں اتفاقاً بھی کسی نے نہیں آنا، گاڑی کا راستہ نہیں ہے، گشتی فون کام نہیں کرتا، رات سر پر ہے، بارش کا موسم ہے۔ انتہائی ٹھنڈ ہے اور بچاؤ کے لیے کمرہ ایک ہی تھا جہاں سے نکلنا پڑا۔ دل ہی دل میں اللہ سے خیر و عافیت کی دعائیں مانگ رہا تھا۔ ساتھیوں کی مدد سے میں نے خود ہی اپنے آپ کو دونوں بازوؤں میں الرجی وغیرہ کے دو ٹیکے لگائے اور گولیاں کھالیں۔ اطمینان اس بات سے ہو رہا تھا کہ درد اور جلن میں مزید اضافہ نہیں ہو رہا تھا۔ جس کمرے سے بھاگ نکلے تھے وہ غالباً مویشیوں کا کمرہ تھا کیونکہ لکڑیاں نکالنے کے علاوہ ہم نے مینگنیاں وغیرہ بھی صاف کی تھیں۔ اس بار ساتھیوں نے صاف کمرے سے لکڑیاں اور شاخیں نکال کر جگہ صاف کر دی اور اندر گھس گئے مگر میں تو ڈرا ہوا تھا۔ میں نے دو جوڑے گرم کپڑے، پاجامہ، اوپر نیچے کئی گرم بنیان، دو گرم ٹوپیاں، دوہری جراب، بند جوتے اور دستانے وغیرہ سے خود کو ڈھانپ کر باہر دیوار کی آڑ میں ہوا سے محفوظ ایک جگہ پڑاؤ ڈالا۔ درد اور جلن میں ابھی کمی نہیں آئی تھی۔ عشا کے کافی دیر بعد پھر بارش شروع ہوئی۔ ٹھنڈ نے پہلے ہی پریشان کیا ہوا تھا کہ اوپر سے بارش بھی برسنے لگی لہٰذا میں بھی مجبوراً اندر چلا گیا۔ خوب آگ جل رہی تھی، کلیم اس کو بھیگنے نہیں دے رہا تھا، کلیم کو اللہ خوش رکھے، سب سے چھوٹا تھا اور سب کی بہت خدمت کر رہا تھا۔ میں ڈر کی وجہ سے ساتھیوں کے درمیان میں ہی بیٹھا رہا۔ پراٹھوں کے ٹکڑے اور کچھ قتلے باقی تھےجسے ہم ہڑپ کر گئے۔ کسی کا پیٹ بھی نہیں بھرا جبکہ ابھی پوری رات اور دن کا تھکا دینے والا سفر باقی تھا اور کھانے کی کوئی شے باقی نہیں رہی تھی۔ لیٹتے بیٹھتے رات گزر گئی۔

کلیم نے پوری رات آگ جلائے رکھی۔ مجھ پر اللہ کا یہ کرم ہے کہ نیند مجھے ہر حال میں آ جاتی ہے۔ اس لیے جب لیٹتا تو سو جاتا اور جب زمین کی ٹھنڈک مزید سونے نہ دیتی تو بیٹھ جاتا۔ میرے سوا راہبر سمیت کوئی ساتھی رات بھر سو نہ سکا تھا۔ اگرچہ کمرہ خوب گرم تھا مگر زمین کی ٹھنڈک اس پر غالب تھی۔ جیسے تیسے قیامت کی رات گزر گئی۔

صبح آسمان بالکل صاف تھا اور موسم بھی سفر کے لیے مناسب ورنہ بری طرح پھنس جاتے۔ میری طبیعت بھی کافی بہتر تھی۔ خالی پیٹ اور ٹوٹے پھوٹے جسموں کے ساتھ صبح پانچ بجے سیدھا پہاڑ پر چڑھنا شروع کیا۔ پانی کی واحد بوتل راستے ہی میں خالی ہو گئی۔ دھوپ خوب تیز تھی اور ٹھنڈی ٹھنڈی ہوا بھی خوب چل رہی تھی۔ پہاڑی کی چوٹی سے پینتیس چالیس قدم پیچھے ہی تھے کہ ایسی جگہ سے گزرنا پڑا جہاں راستہ تھا ہی نہیں۔ پندرہ بیس قدم کا فاصلہ یوں طے کیا کہ پورا جسم پہاڑی کے ساتھ چپکا کر آہستہ آہستہ آگے بڑھتے گئے۔ دراصل وہاں سے راستہ گر گیا تھا اور صرف پھسلان باقی تھا۔ اگر پھسلتے تو نجانے کہاں جاتے۔ کھسکتے ہوئے میں نے نیچے کی طرف بالکل نہیں دیکھا ورنہ یا تو گر جاتا اور یا آگے ہی نہ جاتا۔ خوف کی وجہ سے جیسے خون اور دم خم ختم ہو چکا تھا مگر اللہ کا کرم ہوا کہ بخیریت گزر گئے۔ ساڑھے سات بجے یعنی ڈھائی گھنٹے بعد ہم چوٹی پر موجود تھے اور آنسو جھیل نظروں کے سامنے تھی۔ آنسو جھیل کو دیکھنے سے تھکاوٹ اور بھوک میں تو کمی آ گئی مگر پیاس سے بُرا حال ہونے لگا۔ مشورہ کر کے طے شدہ رقم سے دو سو روپے بطور شکریہ راہبر کو زیادہ دیے۔ میں نے چپکے سے سو کا نوٹ مزید پکڑا دیا اور وہ خوشی خوشی واپس چلا گیا۔ ہم برف کے اوپر ہی نڈھال پڑے رہے۔ میں نے صاف برف بوتل میں پانی بنانے کے لیے ڈال دی مگر پانی بن نہیں رہا تھا۔

آنسو جھیل دیکھنے کے شوقین لوگوں کی چار اقسام ہیں۔

(ا) ایک وہ لوگ جو راستے سے ہی واپس ہو جاتے ہیں۔

(ب) دوسرے وہ جو چوٹی پر پہنچ تو جاتے ہیں لیکن دھند کی وجہ سے جھیل کو دیکھ نہیں پاتے۔

(ج) تیسرے وہ لوگ جو چوٹی پر بھی پہنچ جاتے ہیں اور اوپر سے جھیل کا نظارہ بھی کر لیتے ہیں مگر جھیل کے پاس نہیں جاتے۔ اسکی دو وجوہات ہیں۔ ایک یہ کہ جھیل راستے سے ایک طرف نیچے ہے۔ نیچے جھیل کے پاس جا کر دوبارہ اوپر چڑھنا ہوتا ہے جبکہ چوٹی پر پہنچ کر لوگوں کے بدن اس حد تک ریزہ ریزہ ہو چکے ہوتے ہیں کہ اُنہیں نیچے جانے آنے کی ہمت نہیں ہو پاتی۔ دوسری وجہ جھیل سے منسوب ڈراؤنی کہانیاں ہیں جن کی وجہ سے عام طور پر لوگوں کی ہمت نہیں ہوتی اور وہ اِسے اوپر سے دیکھنے پر ہی اکتفا کر لیتے ہیں۔

(د) چوتھی اور آخری قسم ان خوش نصیبوں کی ہے جو جھیل کے پانی میں ہاتھ پاؤں مار کر اور جھیل کے وسط میں جا کر اور برف کے اوپر چل پھر کر خوب لطف اٹھاتے ہیں۔

کچھ دیر ستانے کے بعد جب نیچے جانے کی بات ہوئی تو مشتاق نے کہا "تم جاؤ اور بیگ میرے پاس چھوڑ دو۔" فخر عالم نے آہستہ سے میرے کان میں کہا "عارف بھائی نیچے نہیں جاتے بس آگے کو چلتے ہیں۔" فخر عالم ہم میں سب سے تگڑا بندہ تھا مگر اس چکر میں نجانے اس کو کیا ہو گیا۔ میں نے کہا "مجھے مرنا منظور ہے مگر نیچے ضرور جاؤں گا۔" کلیم بھی خوش ہوا۔ وہ ویسے بھی ہم تینوں سے زیادہ چست ثابت ہوا تھا۔ ہمیں دیکھ کر فخر عالم بھی راضی ہو گیا۔ ہم تینوں نے چادریں باندھ کر برف پر پھسلنا شروع کیا مگر پھسلان زیادہ نہ ہونے کی وجہ سے پھسل نہیں سکتے تھے اس لیے کھڑے ہو کر دوڑ لگا دی اور پانچ منٹ میں جھیل کے کنارے پہنچ گئے۔ گلا خشک ہو رہا تھا اس لیے پانی کی طرف لپکے مگر یہ دیکھ کر حالت مزید خراب ہو گئی کہ پانی مچھروں وغیرہ سے بھرا ہوا ہے۔ پانی اور برف میں بے

شمار مردہ مچھر تھے۔ پانی پینے کی خواہش یہاں بھی پوری نہ ہو سکی۔ اوپر چوٹی پر تیز ہوا چل رہی تھی جبکہ نیچے جھیل کے پاس ہوا بالکل بند تھی جبکہ دھوپ بھی تیز تھی۔ گرمی، پیاس اور پیاس سے بے حال ہو جانے کے ڈر کی وجہ سے پسینہ بہنا شروع ہو گیا۔ آخر برف سے مچھر ہٹا ہٹا کر وقفے وقفے سے برف کھاتے رہے اور پیاس بجھانے کی ناکام کوشش کرتے رہے۔ جھیل کے گرد پگھلا ہوا پانی تقریباً تین فٹ نیچے تھا مگر درمیان میں برف ہی برف تھی جو جگہ جگہ سے ٹوٹ چکی تھی مگر پھر بھی ہم ڈرتے ڈرتے وہاں گئے۔ گھومے پھرے اور تصاویر بنائیں۔ جھیل کے منجمد پانی کے اوپر گھومتے ہوئے جو خوشی ہو رہی تھی اس کو الفاظ کا جامہ نہیں پہنایا جا سکتا اور پھر کچھ کھائے پیے بغیر۔ جھیل کی سیر کے بعد ہم بڑی مشکل سے چار وقفوں سے اوپر چڑھ گئے۔ چڑھنے میں ہمیں گھنٹہ لگا۔ اوپر پہنچے تو جسم بھوک، پیاس اور تھکاوٹ کی وجہ سے مکمل طور پر جواب دے گیا تھا مگر ہم نے آگے بڑھنا تھا۔ مہانڈری سے کھانے پینے کی اشیا نہ لینے پر کئی مقامات پر ساتھیوں نے افسوس کیا مگر اب بے سود تھا۔

دوسری طرف سے اترنے کا کوئی راستہ نہیں ہے۔

برف ہی برف ہے۔ چوٹی سے کم از کم ہزار میٹر تک خطرناک پھسلان ہے مگر پھسلنے کے سوا کوئی چارہ نہیں۔ ہم ڈر رہے تھے کیونکہ لڑھکنے کا خطرہ تھا۔ مشتاق نے پہل کی تو ہمیں بھی حوصلہ ہوا۔ جب وہ پھسل کر رکا تو کافی چھوٹا دکھائی دے رہا تھا۔ مرتے کیا نہ کرتے۔ آخر ہم بھی چادریں باندھ کر اپنے اپنے تھیلوں سمیت پھسل گئے۔ بڑی تیزی سے پھسلے تھے مگر مزہ بہت آیا تھا۔ آگے بھی جگہ جگہ تھوڑا تھوڑا پھسلتے رہے۔ برف کے نیچے سے پانی گزرنے کی آواز سنائی دینے لگی تو پیاس بجھانے کی امید پیدا ہونے کے باوجود اس جگہ سے پرے پرے چلتے رہے کہ کہیں دھنس نہ جائیں۔ آدھ گھنٹہ بعد پانی کے پاس پہنچے

تو خوب سیر ہو کر پانی پی لیا۔ جان میں جان آئی تو اللہ کا شکر ادا کیا۔ دو گھنٹے تک برف اور پہاڑوں پر چلتے رہے اور مزید ڈیڑھ گھنٹہ زمینی برف پر چلتے رہنے کے بعد دو بجے کے قریب جھیل سیف الملوک پہنچے ہی تھے کہ موسلا دھار قسم کی بارش شروع ہو گئی۔ بھوک تھکاوٹ اور بے خوابی کو مسلسل برداشت کرنے سے ایک موقع ایسا آتا ہے کہ ان تینوں چیزوں کا احساس مٹ جاتا ہے۔ جھیل سیف الملوک پہنچ کر ہم بالکل خود کار مشینیں بن چکے تھے۔ نہ کھانے اور سونے کی آرزو تھی اور نہ ہی تھکاوٹ کا احساس ہو رہا تھا۔ گرم گرم چائے پی کر ناران کے لیے جیپ پر بیٹھ گئے۔ ناران میں لوگوں کا آنا ابھی شروع نہیں ہوا تھا اس لیے اچھے بھلے ہوٹل میں کوڑیوں کے مول کمرہ مل گیا۔ اگلے دن جب تصاویر صاف کر کے دیکھ رہے تھے اور وہاں مقیم نوجوانوں کے ایک گروہ کے ایک فرد کو آنسو جھیل کی تصاویر نظر آئیں تو وہ ہم سے پوچھنے لگا "آنسو جھیل جا کر لوگ واپس بھی آ سکتے ہیں؟" ہم ہنسے اور احساس ہوا کہ آنسو جھیل کی کتنی دہشت ہے۔

آنسو جھیل دیکھنے کے خواہش مند مندرجہ ذیل نکات پر عمل کریں تو ان کے حق میں بہتر ہو گا۔

1۔ پیسے جتنے زیادہ ہوں اتنا ہی اچھا ہے۔ پوری ٹیم کے پاس کم پڑ گئے تو پوری ٹیم اور اگر ایک کے پاس کم پڑ گئے تو وہی اکیلا آگے کے سفر سے محروم یا ٹیم پر بوجھ ہو گا۔

2۔ جون کے وسط میں جانا بہتر ہے۔ اس سے پہلے اور بعد میں جانے والوں کو عموماً دھند اور بارشوں کا سامنا کرنا پڑتا ہے۔

3۔ افراد جتنے زیادہ ہوں اتنا اچھا ہے۔ سب کو تکلیف میں دیکھ کر اپنی تکلیف ہلکی

محسوس ہونے لگتی ہے اور سب سے بڑی بات یہ ہے کہ اللہ نہ کرے اگر کوئی حادثہ پیش آ جائے تو افراد کی کمی محسوس نہیں ہو گی۔ مگر ساتھی ہمت والے ہوں۔ ورنہ کم ہی بہتر ہیں۔ کم از کم چار پانچ تو ہوں۔

4۔ طاقت والی چیزیں کھائیں اور اپنے ساتھ لے کر بھی جائیں۔

5۔ سفر سے متعلق تمام چیزیں اٹھائیں مگر غیر ضروری چیزوں کو خود پر بوجھ نہ بنائیں۔

6۔ سفری تھیلے اچھے اور مضبوط ہوں۔ دونوں بازوؤں میں ڈال کر پیٹھ پر لٹکانے والے ہوں۔

7۔ ہر ساتھی کے پاس پانی کی اپنی بوتل ہو۔

8۔ جوتے مضبوط اور پھسلنے والے نہ ہوں۔

9۔ پیسوں کے لیے محفوظ جیب چاہیے۔

10۔ برف کی چمک سے بچنے کے لیے کالا چشمہ بہت ضروری ہے۔

11۔ ماچس، لائٹر، چاقو، ویسلین، بیٹری اور ٹشو پیپر وغیرہ ساتھ لینا نہ بھولیں۔

12۔ ضروری گولیاں، ٹیکے اور پٹی کا سامان۔

13۔ ایبٹ آباد کے بجائے مانسہرہ کی گاڑی مل سکتی ہو تو اچھا ہے کیونکہ ایبٹ آباد سے مانسہرہ کے لیے تھوڑے دھکے کھانے پڑتے ہیں۔

14۔ مانسہرہ سے مہانڈری کی گاڑی بالا کوٹ کے اڈے سے ہی ملتی ہے۔

15۔ اگر ممکن ہو تو کم از کم ایک ساتھی ضرور ایسا ہونا چاہیے جو پہلے اس سفر پر گیا ہو۔

16۔ مہانڈری یا بہاڑی سے اس وقت تک نہ نکلیں جب تک راہبر اور خوراک

میسر نہ آجائے۔

۔17۔ اگر سامان اٹھانا مشکل ہو تو گدھے والا راہبر ڈھونڈیں۔

۔18۔ ڈھیر میں ہر حال میں رات گزاریں اور اضافی خوراک ضرور ساتھ رکھیں۔

۔19۔ مہانڈری کی طرف سے جانا بہتر ہے کیونکہ جھیل سیف الملوک کی طرف سے جانے میں ہزار میٹر کی برفانی چڑھائی چڑھنا ناممکن حد تک مشکل ہے۔

۔20۔ سب سے اہم بات یہ کہ جھیل کو دیکھ کر اپنا فیصلہ دیجیے گا کہ یہ آنسو جھیل ہے یا اس کو آنکھ جھیل کا نام دینا چاہیے تھا۔

* * *

قلعہ پھروالہ سے روات تک

محمد داؤد طاہر

قلعہ پھروالہ (یا پھرہالہ) مشہور گکھڑ سردار، سلطان کیگوہر نے ۱۰۰۸ئ سے ۱۰۱۵ئ کے دوران تعمیر کیا تھا۔ یاد رہے کہ سلطان کیگوہر دراصل اس علاقے کا حکمران تھا جو اب بلتستان کہلاتا ہے لیکن اپنے خلاف ایک بغاوت کے نتیجے میں اسے وہاں سے راہ فرار اختیار کرنا پڑی جس کے بعد اس نے غزنی پہنچ کر امیر سبکتگین کے پاس پناہ حاصل کر لی۔ وہ ایک عرصہ تک وہیں مقیم رہا لیکن ہندوستان پر محمود غزنوی کے دوسرے حملے کے دوران وہ بھی اس کے ہمراہ یہاں آگیا۔ سلطان نے واپس جاتے ہوئے اسے دریائے سندھ اور جہلم کے درمیانی علاقے کی حکمرانی بخش دی۔ صدیوں تک یہ قلعہ اس علاقے میں گکھڑوں کے اقتدار کی علامت بنا رہا تاوقتیکہ مہاراجہ رنجیت سنگھ نے اسے اپنی حکومت میں شامل کر لیا۔

بعض محققین کے نزدیک اس قلعے کی بنیاد کسی اور کے ہاتھوں رکھی گئی تھی لیکن اس اختلاف سے قطع نظر اس قلعے کی قدامت امرِ مسلّمہ ہے۔ 'پاکستان کے آثار قدیمہ، کے مصنف راجہ محمد عارف منہاس کے الفاظ میں "اس کا ذکر متعدد بار تاریخی کتب میں آیا ہے. بلبن نے منگولوں کے حملوں سے بچاؤ کے لیے کوہستان نمک سے لے کر دریائے اٹک تک متعدد چوکاں بنوائیں اور پہلے سے موجود قلعوں کو از سرِ نو مستحکم کیا۔ ان قلعوں

اور چوکیوں کے ناظم اعلیٰ کی رہائش یہاں ہوتی تھی۔ دوسری بار اس قلعہ کا ذکر علاؤالدین خلجی کے دور میں آیا۔ علاؤالدین خلجی نے اس قلعہ کو اپنی سرحدی فوج کا ہیڈکوارٹر قرار دیا تھا. تیسری بار فروز شاہ تغلق کے عہد میں یوں ذکر آیا کہ فیروز شاہ نے دودہ شاہ حقانی کے مزار پر حاضری دی، مقبرہ بنوایا اور قلعہ پھروالہ میں قیام کیا۔ "تزک بابری سے اس قلعے میں بابر کی آمد بھی ثابت ہے۔ اسی طرح ہمایوں نے شیر شاہ سوری کے ہاتھوں شکست کھائی تو وہ پھروالہ ہی آنا چاہتا تھا مگر اس نے اپنے بھائی کامران مرزا سے خطرہ محسوس کرتے ہوئے ادھر آنے کے بجائے سندھ کا رخ کر لیا۔ کئی سال کی جلاوطنی کے بعد جب ہمایوں واپس آیا تو روایت کے مطابق اس نے اسی قلعے میں شہزادہ کامران کی آنکھوں میں سلائیاں پھروا کر اُسے اندھا کیا تھا۔

قلعہ پھروالہ کی اسی تاریخی اہمیت کے پیش نظر میں اسے اپنی اولیں فرصت میں دیکھنا چاہتا تھا لیکن سچ پوچھیں تو مجھے قطعاً علم نہ تھا کہ یہ قلعہ اسلام آباد سے بمشکل سوا گھنٹے کی مسافت پر ہے۔ یہ تو اللہ بھلا کرے قربان کا جنھوں نے بیٹھے بٹھائے یہ مسئلہ حل کر دیا۔ "میرے بہت عزیز دوست ہیں، سید نجابت حسین شاہ فوجی فاؤنڈیشن میں اکاؤنٹنٹ ہیں۔ وہ اسی علاقے کے رہنے والے ہیں۔ انہیں ساتھ لے چلیں گے تو وہاں پہنچنے میں کوئی دقت نہیں ہو گی۔" یوں ایک روز ہم تینوں محفوظ آباد سے ہوتے ہوئے اس مقام پر جا پہنچے جہاں پختہ سڑک ختم ہو جاتی ہے اور قلعہ پھروالہ کی پر شکوہ عمارت دیکھتے ہی ظہیر الدین بابر کا وہ بیان یاد آجاتا ہے جس کے مطابق "پھروالہ ایسی جگہ پر واقع ہے جس کے دونوں طرف بڑے بڑے کھڈ ہیں اور برابر آدھ میل تک ان کا سلسلہ بڑھتا چلا گیا ہے۔ چار پانچ جگہ تو یہ کھڈ نالے کی شکل اختیار کر گئے ہیں۔"

"آپ کہاں سے آئے ہیں؟" ہمیں کار سے اترتے دیکھ کر ایک راہ گیر نے سوال

کیا۔

"اسلام آباد سے" میں نے جواب دیا "قلعہ دیکھنا چاہتے تھے لیکن یہاں آ کر احساس ہوا کہ قلعے میں داخلے کا صحیح راستہ شاید کوئی اور ہے۔"

"ویسے تو آپ ادھر سے بھی جا سکتے ہیں لیکن آپ دیکھ رہے ہیں نا، پہلے اترائی ہے، پھر ندی کے بیچ میں سے گزرنا پڑتا ہے جس کے بعد قلعے تک پہنچنے کے لیے کافی چڑھائی چڑھنا پڑتی ہے۔ اگر آپ ہمت کر سکیں تو میرے ساتھ آ جائیں، میں وہیں جا رہا ہوں لیکن مجھے ڈر ہے آپ شاید اتنا تردّد نہ کر سکیں۔"

"گاڑی کا کوئی نہ کوئی راستہ تو ہو گا؟" قربان نے پوچھا۔

"جی ہے لیکن اس کے لیے آپ کو سواں کھوٹہ روڈ پر علیوٹ سے مڑنا پڑتا ہے۔ علیوٹ سے اس قلعے تک سڑک نہ ہونے کے برابر ہے اور تمام راستہ پتھریلا ہے اس لیے یہ سفر صرف اچھی جیپ کے ذریعے ہی کیا جا سکتا ہے۔،، جواب ملا۔

"یہ پروگرام تو کسی چھٹی کے روز ہی بن سکتا ہے۔" نجابت نے گفتگو میں حصہ لیتے ہوئے کہا" صبح صبح گھر سے چل کر دوپہر سے پہلے قلعے پہنچا جا سکتا ہے اور شام تک واپسی ہو سکتی ہے۔"

"ضرور بنائیں یہ پروگرام اور مجھے قبل از وقت بتا دیں تو آپ کو یہاں کوئی تکلیف نہیں ہو گی" مسافر نواز نے جواب دیا۔

"لیکن آپ سے رابطہ کیسے ہو گا؟" میں نے سوال کیا۔

"میرا نام سلطان مسعود ہے۔ میرا فون نمبر لکھ لیں۔ بس ایک روز پہلے بتا دیں تو میں آپ کا منتظر رہوں گا۔"

اس کے بعد سلطان مسعود نے ہم سے اجازت طلب کی اور ہمارے دیکھتے ہی دیکھتے

پہاڑی سے اتر کر بہتی ہوئی ندی کو عبور کیا اور پھر چڑھائی چڑھتے ہوئے قلعے کی بھول بھلیوں میں غائب ہو گیا۔

"اتنا آسان کام تھا۔ خواہ مخواہ اس نے ہمیں ڈرادیا۔" قربان نے کہا "ہم اس قلعے کا ٹنٹنا آج ہی ختم کر سکتے تھے۔"

"قلعے کا ٹنٹنا ختم کرتے کرتے ہم اپنا ٹنٹنا ہی نہ ختم کر بیٹھیں۔" میں نے کہا "ہم بھول رہے ہیں کہ یہ شخص یہیں کا رہنے والا ہے اس لیے وہ تو چھلاوے کی طرح ہماری نظروں سے اوجھل ہو گیا ہے لیکن ہم اگر ایک بار یہ کھائی پار کر بھی گئے تو واپسی آسان نہ ہو گی۔" ایک مشکل سے راستے سے ہوتے ہوئے ہم ایک بہت بڑی چٹان پر بیٹھ گئے جہاں سے قلعے کا منظر اور واضح ہو گیا تھا۔

"کاش ہم اپنے ہمراہ کیمرہ لے آتے تو اس خوبصورت منظر کو ہمیشہ کے لیے محفوظ کر سکتے تھے۔" میں نے کہا۔

"خیال ہی نہیں رہا۔" قربان نے جواب دیا "ورنہ یہ تو کوئی ایسی مشکل بات نہ تھی۔"

سفر خواہ مختصر ہو یا طویل اور آسان ہو یا مشکل، مسافر کو تھکا ہی دیتا ہے۔ یہی کچھ ہمارے ساتھ ہوا تھا۔

"ہم اس تھکن کو کسی حد تک کم کر سکتے ہیں۔" نجابت نے خوشخبری سنائی "میں آتے ہوئے چکن سینڈوچز اور چائے کا سامان ساتھ لے آیا تھا۔"

ہم ان سینڈوچز سے لطف اندوز ہو رہے تھے کہ کسی اجنبی نے بہ آواز بلند سلام کر کے ہمیں چونکا دیا۔ "میرا نام راجہ گل اصغر ہے۔ پھروالہ کا رہنے والا ہوں" اس نے بتایا اور پھر پوچھنے لگا" آپ یہاں کیسے بیٹھے ہیں ؟"

جب ہم نے اس کو تفصیلی جواب دیا تو وہ کہنے لگا

"آپ دن کو آتے تو اس قلعے کی سیر سے کماحقہ لطف اندوز ہو سکتے تھے۔"

"اب تو جو ہونا تھا ہو چکا۔ اللہ نے چاہا تو ہم یہ قلعہ اندر سے دیکھنے کے لیے دوبارہ آئیں گے۔"

"ضرور، لیکن مجھے میزبانی کا موقع دینا نہ بھولیے۔" پھر اس نے کہا "آپ دیکھ ہی رہے ہیں کہ ہم آج بھی بہت مشکل حالات میں زندگی گزار رہے ہیں۔ یہ تو غنیمت ہے کہ یہاں تک سڑک بن گئی ہے لیکن اگلا راستہ خاصا مشکل ہے۔ برسات میں سواں کا پانی چڑھ جاتا ہے تو جان کو خطرے میں ڈالے بغیر یہاں سے گزرا نہیں جا سکتا۔ کاش! حکومت یہاں پل بنا دے اور اگر وہ پختہ پل کے اخراجات کی متحمل نہیں ہو سکتی تو رسوں کے پل سے بھی کام چل سکتا ہے لیکن کوئی کچھ کرے تو سہی۔"

"اسمبلی میں اپنے نمائندے کے ذریعے یہ مطالبہ اوپر پہنچائیں۔" نجابت نے تجویز دی۔

"سب کچھ کر کے دیکھ لیا ہے، لیکن کوئی ہماری نہیں سنتا۔ آپ شاید جانتے ہوں گے کہ اس گاؤں نے کئی معتبر افراد کو جنم دیا ہے لیکن وہ بھی شہروں ہی کے ہو کر رہ گئے ہیں۔ مجھے نہیں یاد ان میں سے کوئی کبھی یہاں آیا ہو حالانکہ ان کے آباؤ اجداد کی ہڈیاں اسی مٹی میں دفن ہیں۔" گل اصغر کے لہجے میں شکوہ تھا۔

جب ہم پھروالہ کی طرف رواں دواں گل اصغر کو ہاتھ ہلا ہلا کر الوداع کر رہے تھے تو ایک بار پھر احساس ہوا کہ قلعہ پھروالہ کی فصیل اونچے نیچے پہاڑوں پر کس شان سے دُور دُور تک پھیلی ہوئی ہے اور اگرچہ جزئیات زیادہ واضح نہیں ہیں، اندازہ ہو رہا ہے کہ اپنے محلِ وقوع کے اعتبار سے یہ قلعہ واقعی ناقابل تسخیر ہو گا۔

"میں نے پڑھا ہے کہ اس قلعے کے چھ دروازے ہیں، ہاتھی دروازہ، قلعہ دروازہ، لشکری دروازہ، زیارت دروازہ، باغ دروازہ اور بیگم دروازہ، اور یہ کہ اس قلعے میں ہر وقت سوہا تھی، پانچ ہزار گھوڑے اور دس ہزار پیادہ فوج موجود ہوا کرتی تھی۔" میں نے اپنے رفیقان سفر کو بتایا "لیکن اب اس کی فصیل گر رہی ہے اور دروازے ٹوٹ پھوٹ کا شکار ہیں۔ آثار قدیمہ والوں کی اس طرف توجہ ہے نہ کسی اور کو اس جگہ کے ساتھ کوئی دلچسپی ہے۔ بنانے والوں کا کمال دیکھیں کہ سینکڑوں سال گزرنے کے باوجود قلعہ ابھی تک قائم ہے ورنہ جس طرح یہ عمارت نظر انداز ہوتی رہی ہے اسے بہت پہلے صفحۂ ہستی سے مٹ جانا چاہیے تھا۔" "کیا لکھا ہوا ہے کتابوں میں؟" قربان نے سوال کیا۔

"فصیل اور دروازوں کے علاوہ کوئی پرانی عمارت اب پورے طور پر باقی نہیں ہے۔ گاؤں کے سارے گھر زمانہ حال ہی میں تعمیر ہوئے ہیں۔" میں نے جواباً کہا۔

ہمیں افسوس تھا کہ ہم نہ تو یہ قلعہ اندر سے دیکھ سکے اور نہ وہ مسجد اور مزار جو دریائے سواں کے اسی پار قدرے بلندی پر واقع ہیں۔ ہمارے راستے میں تو تنگی وقت حائل تھی، آپ کو تو ایسا مسئلہ درپیش نہیں ہے لہٰذا آپ یہ قلعہ ضرور دیکھیے لیکن جائیں سواں کہوٹہ روڈ کی طرف سے۔

اگر ہم قلعہ پھروالہ سے واپس جی ٹی روڈ پر آجائیں تو روات پہنچ جاتے ہیں جو ایک قدیم آبادی کا نام ہے۔

بہت کم لوگوں کو علم ہے کہ روات کا پر رونق بازار ہی اس کی پہچان نہیں بلکہ اس کی اصل پہچان وہ قلعہ ہے جو جی ٹی روڈ کے دائیں ہاتھ واقع ہے۔

یہ قلعہ سڑک سے نظر نہیں آتا لیکن یہاں پہنچنا چنداں مشکل نہیں۔ اگر روات کے مرکزی بازار میں سے گزر کر ذرا پیچھے چلے جائیں تو پرانے وقتوں کی ایک پُرشکوہ

عمارت نظر آتی ہے۔

یہی قلعہ روات ہے جبکہ بعض محققین کے نزدیک یہ عمارت دراصل سرائے کے طور پر تعمیر ہوئی تھی اور اس کا نام سرائے رباط ہوا کرتا تھا جو بگڑتے بگڑتے روات بن گیا۔

'پاکستان کے آثار قدیمہ، کے مصنف راجہ محمد عارف منہاس کے الفاظ میں " قلعہ روات کے صدر دروازے سے داخل ہوں تو چاروں طرف ڈھائی ضرب ڈھائی مربع گز کی کوٹھڑیاں ہیں۔ تین اطراف، شمال، جنوب اور مشرق میں بیس بیس کوٹھڑیاں ہیں۔ اس کے تین گیٹ ہیں۔ جنوبی گیٹ پتھروں سے بند کر دیا گیا ہے. تاہم شمالی اور صدر دروازہ اصلی حالت میں ہیں مگر ان کی ڈاٹیں، محرابیں اور طاق ٹوٹ پھوٹ رہے ہیں. صدر دروازے سے داخل ہوں تو. دونوں طرف . دو کمرے ہیں. دونوں کمروں میں پہریدار رہا کرتے تھے۔ پوری عمارت. پتھر کی بنی ہوئی ہے۔ بعض دیواروں، محرابوں، گنبدوں، ڈاٹوں اور طاقوں میں چھوٹی اینٹیں لگی ہوئی ہیں۔" اس قلعے کی سب سے قابل دید چیز وہ رفیع الشان مزار ہے جو ناک نقشے میں ملتان کے بعض مشہور مزارات سے مشابہت رکھتا ہے۔ یہ ہشت پہلو گنبد دار مزار جو کسی وقت خوبصورت نقش و نگار سے مزین ہو گا اب اپنی تمام شان و شوکت کھو چکا ہے۔ اور تو اور قبر کا نشان بھی مٹ چکا ہے اور اس کی چھت ابابیلوں کی آماجگاہ بنی ہوئی ہے تاہم اس کے در و دیوار وقت کے بے رحم تھپیڑوں کا انتہائی ثابت قدمی سے مقابلہ کر رہے ہیں۔ اس مزار کے خدوخال سے اندازہ ہوتا ہے کہ یہاں کوئی اہم شخصیت دفن ہے۔

"معلوم نہیں یہ مزار ہے کس کا۔" قربان نے کہا۔

"اس سوال کا صحیح جواب دینا مشکل ہے۔" میں نے کہا "لیکن میں نے کسی جگہ پڑھا تھا کہ یہاں پر سلطان سارنگ آسودۂ خاک ہے۔"

سلطان سارنگ تھا کون، یہ جاننے کے لیے یاد رکھنا ہو گا کہ جب ہمایوں کو شیر شاہ سوری کے ہاتھوں چونسہ اور قنوج کی لڑائیوں میں شکست ہوئی تو اس نے اپنے بھائی، کامران سے مدد چاہی۔ کامران اس وقت پنجاب کا گورنر تھا چنانچہ ہمایوں نے اپنی بچی کھچی فوج کے ساتھ پنجاب کا رخ کیا تاکہ وہ کامران کی مدد سے شیر شاہ سوری کی بڑھتی ہوئی طاقت کا مقابلہ کر سکے لیکن کامران نے اس کی مدد سے صاف انکار کر دیا۔ اس طرف سے مایوس ہو کر ہمایوں نے دان گلی کے مقام پر سلطان سارنگ سے رجوع کیا جس نے اس آڑے وقت میں بصدق دل ہمایوں کی ہر طرح کی مدد کا وعدہ کیا۔

اس اثنا میں شیر شاہ سوری کی فوجیں ہمایوں کا تعاقب کرتے ہوئے کسی بڑی مزاحمت کے بغیر لاہور پر قابض ہو چکی تھیں اور کامران اس حملے کی تاب نہ لا کر کابل کی طرف بھاگ چکا تھا لہٰذا ہمایوں نے خوشاب کے والی، حسین سلطان سے فوجی مدد حاصل کرنا چاہی۔ جب شیر شاہ سوری کو علم ہوا تو اس کی فوج نے خوشاب پر دھاوا بول دیا چنانچہ ہمایوں مجبوراً اُچ اور بھکر سے ہوتا ہوا سندھ کا صحرا عبور کر کے ایران چلا گیا۔

جب شیر شاہ سوری کو پتا چلا کہ ہمایوں اور کامران، دونوں ملک سے فرار ہو گئے ہیں تو اس نے اطمینان کا سانس لیا اور اپنے ہمراہیوں کو انعام و اکرام سے نوازا اور ان میں سے بعض کو مقبوضہ علاقے میں جاگیریں بھی عطا کیں۔

اب اس نے اپنا ایک ایلچی سلطان سارنگ کے پاس بھیجا تاکہ اسے اپنے ساتھ ملایا جا سکے۔ اس تعاون کے بدلے شیر شاہ سوری نے سارا پنجاب اس کے سپرد کرنے کی پیشکش

بھی کی لیکن سلطان سارنگ نے ہمایوں کے ساتھ اپنے وعدے کی وجہ سے ایلچی کے ساتھ اچھا سلوک نہ کیا۔

شیر شاہ سوری سلطان سارنگ کے اس رویے سے بے حد ناراض ہوا اور اس نے اپنے جرنیل خواص خان کی کمان میں ایک بڑا لشکر اسے سبق سکھانے کے لیے بھیجا۔ سلطان نے بھی مقابلے کے لیے اپنی فوجیں تیار کیں۔ ۱۵۴۲ئ میں رواٹ کے مقام پر دونوں فوجوں کے درمیان خونریز جنگ ہوئی جس میں بالآخر سلطان کو شکست ہوئی اور وہ اپنے سولہ بیٹوں سمیت میدان جنگ میں داد شجاعت دیتا ہوا مارا گیا۔ ان ہی دنوں شیر شاہ سوری کو اطلاع ملی کہ بنگال کے گورنر خضر خان ببرک نے بغاوت کر دی ہے چنانچہ وہ خود تو یہ بغاوت فرو کرنے کے لیے اودھ چلا گیا اور خواص خان کو پیھے ص چھوڑ کر اسے جہلم سے کوئی دس میل شمال مغرب کی طرف گکھڑوں کی روک تھام کے لیے ایک قلعہ بنانے کا حکم دیا جو اب قلعہ رہتاس کے نام سے مشہور ہے۔ ہمایوں اپنی طویل جلاوطنی کے بعد واپس آیا تو اس نے پھروالہ کے مقام پر سلطان سارنگ کے بیٹے، آدم خان کے مہمان کی حیثیت سے قیام کیا۔ ہمایوں نے اس کے ساتھ اپنے دوستانہ تعلقات کی تجدید کی، فوج کو منظم کیا اور بالآخر اپنی کھوئی ہوئی سلطنت دوبارہ حاصل کرنے میں کامیاب ہو گیا۔

آدم خان نے پوٹھوہار کا حاکم بنتے ہی سلطان سارنگ کی قبر پر ایک عالیشان مقبرہ تعمیر کیا۔ مقبرے کی تعمیر میں سنگِ مرمر اور دوسرے قیمتی پتھر استعمال کیے گئے تھے تاہم وقت گزرنے کے ساتھ ساتھ لوگوں نے یہ سارے پتھر اکھاڑ کر مقبرے کو کسمپرسی کی حالت میں چھوڑ دیا ہے۔

ہمایوں اور سلطان سارنگ نے جس دوستی کی بنیاد رکھی تھی وہ اکبر اور اس کے بعد بھی قائم رہی تاوقتیکہ خود مغلیہ سلطنت طوائف الملوکی کا شکار ہو گئی اور سکھ گکھڑوں کے

علاقے پر قابض ہو گئے۔ چونکہ یہ قلعہ صرف فوجی اغراض کے لیے استعمال ہوتا تھا اس لیے اس میں رہائشی تعمیرات نہیں ہیں۔ اس لحاظ سے یہ قلعہ، قلعہ رہتاس اور اسی نوعیت کے دوسرے قلعوں سے مختلف ہے۔

ہشت پہلو مزار کے علاوہ اس قلعے کی ایک قابلِ دید چیز یہاں کی تین گنبدوں والی مسجد ہے۔ کہتے ہیں کہ رنجیت سنگھ کے دور میں یہ مسجد شدید بے حرمتی کا شکار ہوئی اور اس کی چھت اڑا دی گئی۔ اہل روات نے حالیہ برسوں میں اسے دوبارہ تعمیر کیا ہے۔ یوں اس کی قدامت کو تو شدید صدمہ پہنچا ہے تاہم اس کے در و دیوار سے اب بھی اندازہ ہوتا ہے کہ یہ مسجد اپنے وقت میں فنِ تعمیر کا نادر نمونہ ہو گی۔ قلعے کے صحن کو دو حصوں میں تقسیم کیا جا سکتا ہے۔ آدھے حصے کو آج کل بچے کھیل کے میدان کے طور پر استعمال کر رہے ہیں۔ باقی نصف حصہ قبروں سے اٹا پڑا ہے لیکن ان میں سے کسی قبر پر کوئی کتبہ نہیں ہے۔ تعجب ہے کہ اب تک کوئی قبر کسی "بابے" کی طرف منسوب نہیں ہوئی چنانچہ نہ کسی قبر پر دیا جلتا ہے نہ کوئی جھنڈا نصب ہے۔ یہ بے نام قبریں یقیناً ان ہی لوگوں کی ہوں گی جو خواص خان اور سلطان سارنگ کے درمیان جنگ میں کام آئے ہوں گے۔

قلعے کے اندر کھیل کے میدان کی موجودگی گرد و نواح کے بچوں کے لیے باعثِ کشش ہے اور مسجد کی وجہ سے نماز باجماعت ادا کرنے والوں کی آمد و رفت یہاں رہتی ہے لیکن پھر بھی اس کے در و دیوار بربادی و ویرانی اور بے ثباتی زمانہ کی منہ بولتی تصویر ہیں۔

روات سے ایک سڑک جو لیفٹیننٹ جنرل اختر حسین ملک سے منسوب ہے ان کے آبائی گاؤں، موضع پنڈوری سے چک بیلی خان ہوتی ہوئی ضلع چکوال کے قصبہ ڈھڈیال میں جا نکلتی ہے۔ جنگ ستمبر کے ایک ہیرو، ان ہی اختر حسین ملک کے چھوٹے بھائی تھے

جو بعد از وفات پنڈوری میں دفن ہوئے۔

امید ہے آپ سمجھ گئے ہوں گے کہ میں لیفٹیننٹ جنرل عبد العلی ملک کا ذکر کر رہا ہوں جنہوں نے چونڈہ کے محاذ پر دوسری عالمگیر جنگ کے بعد ٹینکوں کی سب سے بڑی لڑائی میں اپنے سے کئی گنا طاقت ور دشمن کے چھکے چھڑا دیے تھے۔

حالیہ مرمت اور توسیع کے بعد اختر حسین ملک روڈ بہت بہتر ہو چکی ہے۔ اگر آپ بھی لیفٹیننٹ جنرل عبد العلی ملک ایسے سپوت کی قبر پر حاضری دینا چاہیں تو میرے ساتھ رہیے، پھر ایسا موقع نہ جانے کب ملے۔

***

تلمبہ: پنجاب کا ایک تاریخی قصبہ

محمد داؤد طاہر

'تاریخ سرزمین خانیوال، کے مصنف محمد بشیر سہو لکھتے ہیں کہ 'تلمبہ، کی تاریخ اتنی ہی قدیم ہے جتنی کہ خود حضرتِ انسان کی سرگزشت۔ یہ حضرت نوح علیہ السلام کے طوفان سے پہلے بھی آباد تھا۔ اسے توحید کے متوالے بادشاہ پر ہلاد کا پایہ تخت بننے کا اعزاز حاصل ہوا جس نے ہندوسندھ کے صنم کدوں میں توحید کی شمع روشن کی بھی۔ راجہ پر ہلاد کے بعد اس کا بیٹا راجہ کنب تخت نشین ہوا جس کی نسبت سے شہر کا نام 'کنب، یا 'کنبہ، مشہور ہو گیا۔ کنبہ شہر کا ذکر رَگ وید میں بھی آیا ہے۔ بلکہ رگ وید کی تصنیف کا اس علاقے سے گہرا تعلق ہے۔ تلمبہ کو ہندو مذہب کے ہیرو رام چندر جی، لچھمن جی اور سیتا کی میزبانی کا شرف بھی حاصل ہوا۔

فاضل مصنف مزید بتاتے ہیں کہ تلمبہ عرصہ دراز تک سکندر اعظم سمیت کیو بیرونی حملہ آوروں کی لوٹ مار کا مرکز بنا رہا تاوقتیکہ آٹھویں صدی عیسوی کے آغاز میں محمد بن قاسم نے سندھ پر حملہ کر دیا۔ ان ہی کے الفاظ میں:

"اس دوران تلمبہ کے حکمران کوکوبن موکو کا شمار ان چند خوش نصیب حکمرانوں میں ہوتا ہے جنہوں نے قبولیت اسلام کا شرف حاصل کرنے میں سبقت پائی۔ فتح ملتان کے بعد محمد بن قاسم نے عکرمہ بن ریحان شامی کو تلمبہ کا گورنر مقرر کیا۔ نامور باغی عرب

سردار محمد علافی بھی مضافاتِ تلمبہ میں مقیم رہا جسے بعد میں محمد بن قاسم نے معاف کر دیا تھا۔ محمد علافی نے یہیں وفات پائی اور دفن ہوا۔ اسی دوران شہر کا نام یہاں کے ایک حکمران تلمان کی وجہ سے تلمہ یا تلمبہ مشہور ہو گیا۔

۱۰۰۱ئ میں سلطان محمود غزنوی نے تلمبہ پر قبضہ کیا۔ ۱۲۱۸ئ کے بعد تلمبہ تاتاریوں کے مسلسل حملوں کا نشانہ بنتا رہا۔ ۱۲۳۹ئ میں رضیہ سلطانہ اپنے حریفوں کے خلاف مدد حاصل کرنے کے لیے تلمبہ اور جھنگ کے علاقے میں آئی۔ ۱۳۰۸ئ میں شاہی افواج نے اسی شہر میں تاتاریوں سے فیصلہ کن جنگ کی اور وہ شکست فاش سے دوچار ہوئے۔ ۱۳۳۴ئ میں مشہورِ عالم سیاح ابن بطوطہ دہلی جاتے ہوئے ریاست تلمبہ کی حدود سے گزرا جس کا احوال اس نے اپنے سفر نامہ میں قلم بند کیا ہے۔ سلطان فیروز شاہ تغلق نے اپنے دورِ حکومت میں یہاں فیروز چھاؤنی بنوائی جسے زمانہ ۱۳۹۸ئ میں امیر تیمور لنگ نے تلمبہ پر حملہ کر کے اُسے تباہ و برباد کر ڈالا۔ ۱۴۳۱ئ میں امیر کابل، شیخ علی نے تلمبہ کو بہت بری طرح پامال کیا اور ظلم و ستم کی انتہا کر دی۔

تلمبہ کی قدیم یونیورسٹی محمد بن قاسم اسلامی یونیورسٹی میں بدل دیا گیا تھا، اسلامی دور میں دوبارہ عظیم الشان علمی مرکز کی حیثیت اختیار کر گئی۔ لنگاہ دور میں اس کے رئیس الجامعہ علامہ محمد عبد اللہ کی شہرت نہ صرف برصغیر بلکہ عالم اسلام میں پھیلی ہوئی تھی۔

شیر شاہ سوری نے اپنے دور میں یہاں ایک پڑاؤ بنوایا۔ بادشاہ اکبر کے دور میں تلمبہ کو صوبہ ملتان کے ایک پرگنہ یا ضلع کی حیثیت حاصل تھی اور یہاں ساہو خاندان حکمران تھا۔ شہر میں پانچ ہزار پیدل اور تین سو سوار فوج متعین تھی۔ شاہجہاں نے اپنے دور میں یہاں ایک عظیم الشان سرائے تعمیر کرائی۔ داراشکوہ تخت نشینی کے مسئلے پر اپنے بھائی اورنگ زیب عالمگیر سے شکست کھا کر تلمبہ آیا۔ شہر کے قریب ہی مخالف فوجی دستوں

کے سر پر آ پہنچنے پر اس نے تاجِ شاہی یا پارس پتھر دریائے راوی میں پھینک دیا۔ ۱۷۵۰ئ میں احمد شاہ ابدالی نے تلمبہ پر حملہ کان اور اسے پھر لوٹ کھسوٹ کا نشانہ بنایا۔ ۱۷۶۶ئ میں سکھ سردار جھنڈا سنگھ نے تلمبہ پر حملہ کر کے قتل و غارت گری کی۔ ۱۷۷۸ئ میں تیمور شاہ اور ۱۷۹۳ئ میں شاہ زمان نے حملہ کیا۔ ۱۸۱۳ئ میں افغانستان کا معزول بادشاہ، شاہ شجاع تلمبہ آیا۔ اسے نواب مظفر خاں نے تلمبہ کے مضافات میں جاگیر عطا کی تھی۔ ۱۸۱۸ئ میں اس علاقے پر رنجیت سنگھ کا قبضہ ہو گیا۔ رنجیت سنگھ نے تلمبہ میں بارہ دری بنوائی اور فحاشی کا اڈا قائم کیا۔ ۱۸۲۷ئ میں انگریز سیاح چارلس میَسَن تلمبہ آیا۔ میَسَن کے سفر نامے سے پتا چلتا ہے کہ انگریزی قبضے سے قبل دورِ زوال میں بھی تلمبہ ایک بڑا شہر تھا۔ شہر چاروں طرف سے کھجور کے باغات میں گھرا ہوا تھا۔ شہر کے اِرد گرد کافی چوڑی اور بلند حفاظتی فصیل بنی ہوئی تھی۔ شہر میں داخل ہونے کے لیے شاندار دروازے تھے۔

۱۸۴۹ئ میں انگریزوں نے تلمبہ پر قبضہ کر لیا۔ اب ہزاروں برس پر محیط تاریخ میں پہلی مرتبہ اس علاقے میں تلمبہ کی مرکزیت ختم کر کے اسے تحصیل سرائے سدھو کے ماتحت کر دیا گیا۔ یہ تو تھی تلمبہ کی اجمالی تاریخ۔ کتب تاریخ میں ان تمام واقعات کا تفصیلی ذکر ملتا ہے۔ تاہم قارئین کی دلچسپی کے مد نظر چند واقعات کی تفصیل بیان کی جارہی ہے۔ ۱۳۰۷۔۸ئ میں تاتاریوں اور سلطان علاؤالدین کے لشکر کے مابین تلمبہ میں خونریز جنگ ہوئی۔ 'تاریخ فیروز شاہی، مؤلفہ ضیائ الدین برنی کے اردو مترجم ڈاکٹر سید معین الحق کے الفاظ میں "اس مرتبہ لشکر اسلام کا امیر علی واہن کی سرکردگی میں تاتاری لشکر سے تلمبہ میں مقابلہ ہوا۔ لشکر اسلام کو فتح ہوئی، تاتاری سردار، اقبال مند مارا گیا اور کئی ہزار مغل تہِ تیغ ہوئے۔ تاتاریوں کے جو امیر ان زندہ گرفتار ہوئے ان کو دہلی لایا گیا اور وہ ہاتھیوں کے پیروں کے نیچے کچلوا دیے گئے۔ اس لڑائی میں ایک مغل بھی زندہ واپس نہ جا سکا۔"

بیان کیا جاتا ہے کہ فیروز تغلق شکار کا بہت شوقین تھا۔ 'تاریخ فیروز شاہی، کا مصنف کہتا ہے "اگر میں فیروز شاہ السلطان کے شکار کھیلنے، اس کے شکار کی اقسام اور شکار سے شغف کا حال لکھنا شروع کروں اور چاہوں کہ بیان تفصیل کے ساتھ کروں تو مجھے (علٰحدہ) شکارنامہ فیروز شاہی لکھنا چاہیے۔ ہم نے شکار کی مداومت اور اس کے طور طریقے جیسے سلطان عالم پناہ فیروز شاہ کے دیکھے ہیں، ایسے دہلی کسی بادشاہ کے نہیں ہوئے۔"

مملکت کے طول و عرض میں پھیلے جنگلات میں شکار کھیلنا اس کا محبوب مشغلہ تھا۔ جب وہ گنجی بار آتا تو دیپالپور کے علاوہ تلمبہ .بل بھی قیام کرتا۔ اس نے تلمبہ میں ایک چھاؤنی قائم کی جو مدتوں 'فیروز چھاؤنی، کے نام سے مشہور رہی۔ اب یہی علاقہ 'چھاؤنی، کے نام سے معروف ہے۔

مشہور فاتح تیمور لنگ نے بھی تلمبہ پر حملہ کیا۔ ضلع ملتان کے گزیٹیئر برائے ۱۹۲۳۔۲۴ئ میں تیمور لنگ کی اپنی یادداشتوں میں سے ایک طویل اقتباس درج ہے۔ اس میں تیمور نے تلمبہ پر اپنے حملے کی روداد بیان کی ہے۔ اقتباس کا آزاد اردو ترجمہ پیش ہے:

"میں تلمبہ پہنچ کر دریائے راوی کے کنارے خیمہ زن ہو گیا۔ اس روز علما و مشائخ سمیت تمام رؤسائے شہر ملاقات کے لیے حاضر ہوئے اور قدم بوسی کا شرف حاصل کیا۔ ان کے چہروں سے ان کی نیک نیتی عیاں تھی لہٰذا میں نے ہر ایک کو رتبے کے مطابق خلعتوں اور دیگر انعامات سے نوازا۔ اس کے بعد میں نے قلعہ تلمبہ سے ملحقہ میدان میں ڈیرے ڈال لیے۔ میرے وزرائ نے اہلِ تلمبہ کے لیے دو لاکھ روپے تاوان جنگ مقرر کیا اور یہ رقم جمع کرنے کے لیے اپنے آدمی بھی مقرر کر دیے لیکن میں نے انہیں آنحضرتؐ کے ساتھ قرابت اور علمائے دین کی آپؐ کے ساتھ مسلمہ نسبت کی بنیاد پر

تاوان وصول کرنے سے منع کر دیا۔ شہر کے سید اور علما میری طرف سے قیمتی خلعت اور عربی النسل گھوڑے ملنے ہی پر خوشی سے پھولے نہ سما رہے تھے، وہ میرے اس اعلان سے مزید مسرور ہوئے۔ اسی عرصے میں پیچھے رہ جانے والے فوجی دستے بھی وہاں پہنچ گئے۔ ہزاروں سپاہیوں پر مشتمل یہ فوج اب خوراک کی کمی محسوس کرنے لگی۔ ہمیں پتا چلا کہ مقامی لوگوں کے پاس اجناس کا وافر ذخیرہ موجود ہے چنانچہ میں نے حکم دیا کہ مفتوحہ علاقے کے باشندوں سے نقد رقم کے بجائے اجناس کی شکل میں تاوان جمع کیا جائے۔

تلمبہ کے لوگ چاہتے تھے کہ بھلے میر الشکر بھوکا مر جائے، ان کے ذخائر اجناس کسی صورت نہ چھیڑے جائیں۔ تاہم یہ صورت حال میرے سپاہیوں کے لیے ناقابلِ قبول تھی چنانچہ انہوں نے شہر پر حملہ کر کے اجناس کی بہت بڑی مقدار ہتھیا لی۔ جب مجھے اپنے لشکر کی اس لوٹ مار کی خبر ملی تو میں نے مقامی زعما کو اختیار دے دیا کہ وہ تاتاریوں کو شہر سے باہر نکال سکتے ہیں اور حکم دیا کہ جتنی اجناس یا دیگر اشیا لوٹی گئی ہیں، ان کی قیمت قابل ادا تاوان میں سے منہا کر دی جائے۔

اسی اثنا میں مجھے اطلاع ملی کہ تلمبہ کے گردونواح میں کچھ اہم سردار جو قبل ازیں میری اطاعت قبول کر چکے تھے، اب آمادۂ بغاوت ہیں۔ میں نے امیر شاہ ملک اور شیخ محمد کو ان کی سرکوبی کے لیے بھجوایا۔ وہ دونوں ایک مقامی فرد کی رہنمائی میں اُسی وقت روانہ ہو گئے اور جنگل میں چھپے باغیوں کا سر قلم کر کے دم لیا۔ واپسی پر وہ ان کی عورتوں اور بچوں کو گرفتار کر کے ساتھ لے آئے۔ مہم سے حاصل ہونے والا مالِ غنیمت ان کے علاوہ تھا۔ میں نے یہ سب کچھ اپنی سپاہ میں تقسیم کر دیا اور اس اطمینان کے بعد کہ پورے علاقے میں مزاحمت فرو ہو چکی، میں تلمبہ سے اپنی نئی منزل کی طرف روانہ ہو گیا۔ "میر چاکر رند جو اس وقت ضلع اوکاڑہ کے ایک چھوٹے سے قصبے، ست گھرہ میں محو خواب ہے، ہمایوں

کے دوستوں اور شیر شاہ سوری کے مخالفین میں سے تھا۔ شیر شاہ سوری نے لاہور کے صوبہ دار، ہیبت خان نیازی کو اسے اس سرکشی کا مزہ چکھانے کا حکم دیا۔ ہیبت خان نے تلمبہ کے قریب ایک مقابلے میں اس کے بیٹے میرن خان کو قتل کیا اور شیر شاہ سوری کو اپنی وفاداری کا یقین دلانے کے لیے اس کی پسلیاں کوئلوں پر بھنوا کر چباڈالیں۔

باپ کو بیٹے کے قتل اور اس سے بڑھ کر لاش کے اس اہانت آمیز سلوک کی خبر پہنچی تو وہ دن رات ہیبت خان سے انتقام لینے کی تدبیریں سوچنے لگا۔ کرنا خدا کا یہ ہوا کہ یہی ہیبت خان سیت پور کے مقام پر میر چاکر رند کے ساتھ ایک لڑائی میں مارا گیا۔ اس فتح کا جشن تلمبہ میں عین اسی جگہ منایا گیا جہاں ہتبس خان نے میرن خان کی پسلیاں چبائی تھیں۔ میر چاکر رند کے حکم پر ہیبت خان کی کھوپڑی کا پیالہ بنایا گیا اور اس نے پیالے میں شراب نوشی کر کے اپنا جوش انتقام سرد کیا۔

شاہ شجاع افغانستان کا بادشاہ تھا لیکن جب اس کے حالات بدلے تو وہ دربدر کی ٹھوکریں کھانے پر مجبور ہو گیا۔ نواب مظفر خان نے اسے تلمبہ میں کچھ جاگیر دے دی چنانچہ اس نے اپنے خاندان کے ہمراہ یہیں رہائش اختیار کر لی۔ ایک بار جب شاہ شجاع کشمیر کی مہم پر گیا ہوا تھا اور اس کی بخیر و عافیت واپسی کے امکانات معدوم ہو رہے تھے، اس کی بیوی، شاہ بیگم نے اپنے نمایندے کے ذریعے مہاراجہ رنجیت سنگھ سے درخواست کی کہ اگر وہ اس کے شوہر کی واپسی یقینی بنا سکے تو وہ کوہ نور ہیرا اسے پیش کر دے گی۔ مہاراجہ اس پیش کش پر بہت خوش ہوا اور کسی نہ کسی طرح شاہ شجاع کو کشمیر سے واپس لانے میں کامیاب ہو گیا۔ لاہور پہنچ کر اس نے تلمبہ جانے کا ارادہ ظاہر کیا تو مہاراجہ نے اسے لاہور میں روک لیا اور مبارک حویلی میں اس کے ٹھہرنے کا بندوبست کر کے شاہ بیگم کو بھی تلمبہ سے بلا لیا۔ اس کے آگے کیا ہوا، تفصیل کنہیالال سے سنیے جو اپنی کتاب 'تاریخ

پنجاب، میں لکھتے ہیں:

"جب ایک ماہ کا عرصہ گزرا تو مہاراجہ نے کوہ نور ہیرا طلب کرنے ایک وکیل کو شاہ شجاع کے پاس بھیجا اور پیام دیا کہ شاہ حسبِ وعدہ اپنا جواہر دے کہ ہم نے جو وعدہ شاہ بیگم سے کیا تھا، وہ پورا ہو چکا۔ اب آپ کی طرف سے وعدہ وفائی ہونی چاہیے۔ یہ سن کر شاہ بہت گھبرایا اور ہرگز منظور نہ کیا کہ وہ کروڑوں روپے مالیت کا جواہر رنجیت سنگھ کو دے دے۔ اگرچہ کوہ نور اس کے پاس تھا، شاہ نے بہانہ کر کے بیان کیا کہ وہ الماس بعوض تین کروڑ روپیہ کے کابل میں رہن ہے۔ مہاراجہ بہت ناراض ہوا اور شاہ کی حویلی پر سخت پہرہ لگا کر اُسے مقید کر دیا اور کہلا بھیجا کہ شاہ کو بہر حال یہ جواہر ہم کو دینا ہوگا۔ ہم اس کے عوض پنجاہ ہزار روپیہ نقد اور تین لاکھ روپیہ کی جاگیر دے سکتے ہیں۔

شاہ نے پھر بھی یہی جواب دیا کہ یہاں میرے پاس جواہر کوہ نور نہیں، دو ماہ کے عرصے میں کابل سے منگوا دوں گا۔ جب وہ میعاد بھی گزر گئی اور جواہر کوہ نور نہ ملا تو مہاراجہ کی طرف سے سخت تشدد دیکھنے کو ملا۔ یہاں تک کہ تین روز تک شاہ کے باورچی خانے میں کھانا پکانے کی اجازت نہ ملی اور نہ کوئی سامان کھانے پینے کا شاہ کے پاس پہنچنے پایا۔ اس باعث شاہ اور تمام نوکر چاکر بھوک کے عذاب سے نیم جان ہو گئے۔ جب شاہ نے دیکھا کہ اب جان بچنا محال ہے تو کوہ نور دینے پر راضی ہوا مگر یہ کیا کہ جواہر کوہ نور جس زمرد کے خانے میں نصب کر کے بازو بند بنایا ہوا تھا، اس سے اکھڑوا کر سونے کا خانہ بنوایا، کوہ نور اس میں نصب کر دیا اور مہاراجہ رنجیت سنگھ کو کہلا بھیجا کہ خود آ کر جواہر کوہ نور لے جائے۔ چنانچہ مہاراجہ خود بمقام مبارک حویلی گیا۔ شاہ نے وہ قیمتی جواہر نہایت افسوس وحسرت کے ساتھ مہاراجہ کو دے دیا۔ راجہ نے دریافت کیا کہ وہ جواہر کس قدر قیمت کا ہوگا؟ جواب دیا کہ اس کی قیمت لاٹھی ہے۔ میرے بزرگوں نے لوگوں کو

لاٹھیاں مار کر ان سے یہ ہیرا چھینا تھا۔ تم نے مجھ کو لاٹھی مار کر چھینا ہے۔ کوئی اور زبردست ایسا آئے گا کہ وہ تم کو لاٹھی مار کر چھین لے گا۔"

یہ تو تھے تلمبہ کی معلوم تاریخ میں سے چند اہم حقائق یا دلچسپ واقعات لیکن کیا آپ جانتے ہیں کہ ایک اہم شہر ہونے کے ناتے تلمبہ شیر شاہ سوری، شاہجہان اور مہاراجہ رنجیت سنگھ کی نظر کرم کا خاص مورد بھی رہا ہے۔ آپ کو ان تفصیلات سے بھی دلچسپی ہو گی؟

گُل کون سا کھلتا ہے جو مرجھا نہیں جاتا شیر شاہ سوری نے ہندوستان کے طول و عرض میں بہت سی سڑکیں بنوانے کے علاوہ لاہور تا ملتان جانے والا راستہ بھی بہتر بنایا۔ اس نے سڑک کے دونوں طرف سایہ دار درخت لگوائے، معینہ فاصلوں پر سرائیں، کنویں اور مساجد تعمیر کیں اور ندی نالوں پر مضبوط پل اور دریاؤں پر گھاٹ تعمیر کیے۔ تلمبہ اسی سڑک پر ایک اہم پڑاؤ تھا۔ شاہجہان نے اپنے دورِ حکومت میں یہاں ایک سرائے تعمیر کرائی۔ روایت کے مطابق اس سرائے کے چاروں جانب رہائشی کمرے اور درمیان میں کھلا صحن تھا۔ صحن میں سایہ دار درخت لگائے گئے۔ یہاں پر مسافروں کو مفت قیام و طعام اور گھوڑوں کے لیے چارے کی سہولت مہیا تھی۔ اس کا ایک حصہ مسلمانوں اور دوسرا ہندوؤں کے لیے مختص تھا۔ مسلمانوں اور ہندوؤں کے لیے الگ الگ باورچی مقرر تھے انہیں اپنے عقائد کے مطابق عبادت یا پوجا پاٹ کے لیے ضروری سہولیات مہیا تھیں۔

یہ بات میری نظر سے گزر چکی تھی کہ اس سرائے کے باقی ماندہ آثار اب بھی تلمبہ میں دیکھے جا سکتے ہیں لیکن سچ پوچھیں تو کئی لوگوں سے استفسار کے باوجود ہمیں ان کا کچھ پتا نہ چل سکا۔ یہ تو اللہ بھلا کرے ایک صاحب علم دوست کا جس نے یہ مسئلہ منٹوں میں حل

کر دیا: "آپ جس سرائے کے آثار ڈھونڈتے پھر رہے ہیں، وہ تو زمانہ نامعلوم ہی میں دریا برد ہو گئی تھی۔" "آپ نے یہ بات کہیں پڑھی ہے؟" میرے ساتھی انجم فاروق نے پوچھا۔ "جی، لیکن اس وقت حوالہ ذہن میں نہیں، کہیں گے تو بعد میں اطلاع کر دوں گا۔"

"اس کی ضرورت نہیں، آپ نے کہا اور ہم نے یقین کر لیا۔" میں نے بحث سمیٹنے کی خاطر جواب دیا اور پھر ہم مہاراجہ رنجیت سنگھ کی تعمیر کردہ بارہ دری کی تلاش رائیگاں میں نکل کھڑے ہوئے۔

آپ نے شاید سن رکھا ہو کہ مہاراجہ رنجیت سنگھ نے تلمبہ کے قریب دریائے راوی کے جنوبی کنارے پر ایک وسیع میدان میں سفید سنگ مرمر کی بارہ دری تعمیر کرائی تھی۔ مہاراجہ تلمبہ آتا تو اس بارہ دری میں اپنا دربار لگاتا اور لوگوں کے مقدمات کا فیصلہ سناتا۔ اس میدان میں شیشم کا ایک بلند وبالا درخت تھا۔ کتب تاریخ میں مذکور ہے کہ قیام پاکستان تک یہ درخت موجود رہا اور عوام الناس میں 'رنجیت سنگھ والی ٹاہلی، کے نام سے معروف تھا۔

مہاراجہ کے حکم سے پھانسی کی سزا پانے والے مجرموں کو اسی درخت کے ساتھ لٹکایا جاتا۔ مہاراجہ تفریح کی ترنگ میں ہوتا تو انہیں خونخوار کتوں کے آگے پھینکوا دیتا جو پلک جھپکنے میں ان کی تکا بوٹی کر دیتے، بعض مجرموں کو نذر آتش کرواتا اور بعض کا سر تلوار سے قلم کرا دیتا۔ روایت کے مطابق جب مہاراجہ دربار منعقد کرتا تو تماش بین محض یہ مناظر دیکھنے کے لیے اس میدان میں جمع ہو جاتے۔ ہم نے تلمبہ کے مختلف باسیوں سے اس بارہ دری کا محل وقوع جاننا چاہا لیکن ہر کسی نے لاعلمی کا اظہار کیا۔ بالآخر ایک راہ چلتے نوجوان، ندیم نے ہامی بھر لی کہ وہ ہمیں یہ بارہ دری دکھا سکتا ہے، لیکن جب ہم نے اسے

ساتھ چلنے کی درخواست کی تو وہ کنی کترانے لگا۔ اس کا کہنا تھا کہ وہ گھر جا کر نماز جمعہ کی تیاری کرنا چاہتا ہے۔ تاہم ہمارے اصرار پر وہ بالآخر ہمارے ساتھ چلنے پر تیار ہو گیا۔ شہر کے ایک کونے میں نہر کے کنارے پہنچ کر اس نے ہمیں گاڑی روکنے کو کہا۔ "یہی وہ جگہ ہے جس کی آپ کو تلاش تھی۔" اس نے بتایا اور پھر پوچھنے لگا کہ ہم نے کس کے گھر جانا ہے؟ "ندیم!" اب میں اس سے مخاطب تھا "میرا خیال ہے ہم تمہیں اپنی بات سمجھا نہیں سکے۔ ہمیں کسی سے نہیں ملنا، ہمیں تو اس بارہ دری کی تلاش ہے جو مہاراجہ رنجیت سنگھ نے تعمیر کرائی تھی۔" "اب یہاں ایسی کوئی عمارت موجود نہیں۔ کاش! میں وہیں آپ کا سوال سمجھ گیا ہوتا تو آپ کا وقت ضائع نہ ہوتا۔ میرا خیال تھا آپ اس علاقے میں کسی سے ملاقات کرنا چاہتے ہیں سو میں آپ کو یہاں لے آیا ہوں۔ مجھے معاف کیجیے۔"

"معذرت خواہانہ انداز اختیار کرنے کی کوئی ضرورت نہیں۔" اب انجم فاروق اس سے مخاطب تھے "مہاراجہ رنجیت سنگھ کی تعمیر کردہ بارہ دری اب یہاں موجود ہو یا نہ ہو ایک بات ثابت ہو گئی ہے کہ وہ بارہ دری واقعی یہیں ہوا کرتی تھی اور یہیں وہ اپنا دربار منعقد کیا کرتا تھا۔ آخرکار اس علاقے کا نام بارہ دری ایسے تو نہیں پڑا۔" موضوع بدلا تو انجم فاروق نے تلمبہ کے بازار حسن کا ذکر چھیڑ دیا۔ "مہاراجہ رنجیت سنگھ نے اپنے دورِ حکومت میں علاقے کے تین اہم شہروں تلمبہ، ملتان اور کہوڑ میں بازار حسن قائم کیے اور دور و نزدیک سے خوب رو عورتیں اور ان کے سرپرست یہاں لا کر آباد کیے۔"

انجم فاروق کی گفتگو جاری تھی اور میرے ذہن میں سید محمد لطیف کی کتاب 'تاریخ پنجاب، میں مہاراجا کی عادات و خصائل کے بیان کا یہ حصہ گردش کر رہا تھا: "مہاراجہ عیش دوست اور حسن پرست تھا اور جب اسے افکارِ زمانہ و مہماتِ سلطنت سے فراغت ہوتی اور اس کے دل کو قرار ہوتا تو وہ فرصت کا وقت عیاشی میں صرف کرنا پسند کرتا۔ اربابِ

نشاط کا ایک بڑا طائفہ اس کا دائمی ملازم تھا اور ایک مہاراجہ کی بہت بڑی رقم ماہوار اس پر صرف ہوتی مہاراجہ ان عورتوں کو جنگی لباس پہناتا، ڈھال تلوار، تیر کمان سے آراستہ کرتا، آپس میں لڑواتا اور انہیں لڑتے دیکھ کر تالیاں بجاتا اور خوش ہوتا۔ جب یہ عورتیں اس طرح سپاہیوں کے لباس پہنتیں تو انہیں مہاراجہ کا محافظ کہا جاتا۔ اکبر شاہ اور بہادر شاہ، دہلی کے برائے نام بادشاہوں نے لڑکوں کی 'بچھیرا پلٹن' رکھی تھی۔ رنجیت سنگھ نے اس پر یہ طرّہ کیا کہ عورتوں کو مردانہ لباس پہنایا اور سپاہی بنا دیا۔

"رنجیت سنگھ خود اپنے دوستوں میں کہا کرتا "یارو!

میرے باڈی گارڈ کے سپاہی مجھے سخت تنگ کرتے ہیں۔ وہ لڑائی میں تو لڑنے نہیں نکلتے لیکن ان کی آپس میں لڑائیاں میرا ناک میں دم کر دیتی ہیں۔ سارے پنجاب کا میں نے بندوبست کیا لیکن 'محافظوں' کا مجھ سے بندوبست نہ ہو سکا۔ میری تمام تدبیریں ان کی شرارت کے روبرو عاجز آ گئیں۔" جب ناچ رنگ کا جلسہ گرم ہوتا تو رنجیت سنگھ بڑے شوق سے ان عورتوں کو متواتر جام اپنے ہاتھ سے دیتا۔ یہ خانہ خراب صراحیاں چھوڑ مٹکوں تک ڈکار جاتیں اور جب نشہ زور کرتا تو آپس میں لڑنا جھگڑنا شروع کرتیں۔ ایک کا ہاتھ ہوتا دوسری کی چوٹی۔ ایک کی پشواز ہوتی دوسری کا سر۔ کپڑے خوب پھٹتے۔ نوچ کھسوٹ دل کھول کر ہوتی۔ غرض ہر ایک طرح کے مکروہات ہوتے۔ رنگیلا مہاراجہ ان کو اور بھی لڑواتا، خوب کشتیاں کراتا اور روپوں کی ان پر بوچھاڑ کر دیتا۔ جو کپڑے رات کو پھٹتے، دن کو ان سے بہتر رات کے بہادروں کو مل جاتے۔" آیئے اب آپ کو تلمبہ کے تاریخی آثار کی سیر کرا دی جائے۔ ان میں سے اہم ترین وہ قلعہ ہے جو شریف بیگ تکلو نے تعمیر کیا تھا۔ شریف بیگ تکلو کون تھا اور تلمبہ کس طرح اس کی جاگیر میں شامل ہوا، یہ باتیں جاننے کے لیے ہمیں دو ڈھائی سو سال پیچھے جانا ہو گا۔

کش مکش میں ترے بیمار کی جان آئی ہے

بتایا جاتا ہے کہ اٹھارہویں صدی کے وسط میں نواب شجاع خان سدوزئی ملتان کا صوبے دار تھا۔ انہی دنوں حاجی شریف نامی ایک شخص نے کسی طرح دربارِ کابل سے اپنے نام پر صوبے داری کا پروانہ جاری کر لیا اور نواب کے ساتھ معمولی مقابلے کے بعد قلعہ ملتان پر قابض ہو گیا۔ اگرچہ شجاع خان کی حکومت شجاع آباد تک محدود ہو کر رہ گئی لیکن وہ دن رات اپنی شکست کا بدلہ لینے کی راہیں تلاش کرتا رہتا تھا۔ اسی دوران علاقے کے ایک ہندو ساہوکار نے جس کا نام دھرم جس تھا، کسی کام سے احمد شاہ ابدالی کے پاس کابل جانے کا پروگرام بنایا۔ شجاع خان نے اس سے درخواست کی کہ وہ بادشاہ کی منت سماجت کر کے اسے ملتان کی صوبہ داری پر بحال کرا دے۔ تاہم دھرم جس نے یہ پروانہ شجاع خان کے بجائے اپنے نام پر جاری کرا لیا۔

کابل میں اس کا کچھ کام باقی تھا لہٰذا اس نے عجلت میں شریف بیگ تکلو نامی ایک شخص کو جو دربارِ شاہی میں معمولی ملازم تھا، اپنا نائب بنا کر ملتان روانہ کر دیا۔ تکلو فوراً ہندوستان پہنچا اور 'تاریخ ملتان، کے مؤلف سید عباس حسین گردیزی کے بیان کے مطابق شجاع آباد سے ہوتا ہوا سوداگروں کے ایک قافلے کے ہمراہ پاک دروازہ سے شہر داخل ہوا اور پھر بے کھٹکے قلعہ کا رُخ کیا۔ کچہری دربار کے پاس پہنچ کر شاہی فرمان سر پر رکھا اور بڑی چارپائی پر جم کر بیٹھ گیا۔ حاجی شریف نے حجال نامی حجام کو اس کے پاس بھیجا۔ اس نے آ کر پورا ماجرا بیان کیا کہ یہ صحیح ہے، کوئی اور صوبے دار ہو کر آ گیا ہے۔ صوبے دار کے تمام عمال اس کے گرد جمع ہیں اور یہ رائے دی "اب آپ کا یہاں رہنا مناسب نہیں، کہیں ایسا نہ ہو کہ کوئی ناموزوں بات رونما ہو جائے۔" چنانچہ حاجی شریف نے اسی حالت میں محل کے پچھواڑے سے اپنا راستہ لیا اور تکلو نے بڑی سہولت سے نظامت کا کاروبار سنبھال

لیا۔

شریف بیگ تکلو بہت چست اور چالاک نکلا۔ زمامِ اختیار سنبھالتے ہی اس نے نظم و نسق پر قابو حاصل کر لیا۔ چند دن بعد دھرم جس نے کاروبار سے فارغ ہو کر دارالسلطنت کابل سے ملتان کا عزم کیا اور قریب پہنچ کر تکلو کو پیغام بھیجا کہ دریائے چناب کے کنارے آ کر اس کا استقبال کرے۔ تکلو اس حکم سے اتنا برافروختہ ہوا کہ بغاوت پر کمر باندھ لی چنانچہ وہ شہر چھوڑ کر قلعہ بند ہو گیا۔ نتیجتاً قلعہ کے باہر کی فوج نے دھرم جس کی اطاعت کا اعلان کر دیا۔ اس کے ساتھ ہی قلعہ بند اور محاصرہ کرنے والی فوجوں میں لڑائی چھڑ گئی اور کئی دن تک جنگ کے شعلے بھڑکتے رہے۔ آخر ایک دن عین اس وقت جب کہ دھرم جس اپنے پڑاؤ کی چھت پر کھڑا شملہ باندھ رہا تھا، اندرونِ قلعہ کے ایک سپاہی کی گولی کا نشانہ بن گیا۔ تکلو کی فوج میں شادیانے بجنے لگے اور وہ خود پالکی میں بیٹھ کر بزرگان دین کے آستانوں کی زیارت سے شرف یاب ہونے چلا گیا۔ اس کے بعد داد و دہش کا بازار گرم ہوا۔ اب تکلو بادشاہ سے بھی منحرف ہو چکا تھا چنانچہ اس نے بغاوت کر دی اور ملک پر اپنا اقتدار قائم رکھا۔ نیز بادشاہ کے قہر و عتاب سے بچنے کی یہ صورت نکالی کہ سکھوں کو اپنی مدد کے لیے طلب کیا۔

لیکن سکھوں کی آمد سے پہلے ہی بادشاہ کو تمام حالات کی اطلاع مل گئی تھی چنانچہ اس نے بہادر خان درانی کی سرکردگی میں ایک جرار لشکر کو کوچ کا حکم دیا۔ تکلو کو جب تادیبی کارروائی کا علم ہوا تو پھر قلعہ بند ہو گیا۔ بہادر خاں نے بھی پہنچتے ہی شہر کا محاصرہ کر لیا۔ برابر کی چوٹیں چلیں۔ بالآخر باہر کی فوجوں نے نقب لگا کر شہر پناہ کی ایک دیوار ڈھیر کر دی۔ دیوار کا گرنا تھا کہ بہادر خانی سپاہ شہر میں گھُس آئی اور اس بری طرح لوٹ مچائی کہ کسی کے پاس ایک کوڑی تک نہ رہی البتہ قلعے کو کوئی نقصان نہ پہنچ سکا۔ بس اتنی

کارروائی کے بعد بہادر خان واپس چلا گیا۔ بہادر خان کے واپس ہوتے ہی تکلو نے سکھوں کو پھر بلا بھیجا۔ چنانچہ گنڈا سنگھ کی قیادت میں اس کی فوجیں آ دھمکیں۔ شہر کے باہر ڈیرے ڈال دئے اور تکلو کو یہ پیغام بھیجا کہ شہر کا ایک دروازہ ہمارے سپرد کر دیا جائے جس کا تعلق ہم ہی سے رہے۔ تکلو نے سکھوں کی یہ فرمائش مسترد کر دی۔ سکھوں نے اس بارے میں کئی اور تہدیدی پیغامات ارسال کیے۔ آخر دیوان شہر نے وعدہ کر لیا کہ عید کے دن تکلو نماز ادا کرنے بیرونی عید گاہ جائے گا اس موقع پر داخلے کی اجازت دے دوں گا۔ غرض عید کے دن جب تکلو نے عید گاہ کا رُخ کیا، حسب وعدہ دیوان نے سکھوں کو قلعے پر قابض کروا دیا۔ تکلو اس حادثے سے بہت اندوہ گیں ہوا اور عید گاہ سے سوار ہو کر عام وخاص باغ میں خیمے نصب کروا دیے۔ بالآخر پیامیوں کے ذریعہ یہ طے پایا کہ تمام ملک، شہر اور قلعہ سکھوں کا اور صرف تلمبہ کا پرگنہ تکلو کی جاگیر! اس تصفیہ کے بعد تکلو نے تلمبہ میں جا کر سکونت اختیار کر لی۔ ایک قلعہ بھی بنوایا جو آج بھی موجود ہے۔

میں نے تو اپنے ذہن میں اس قلعے کے متعلق نہ جانے کیا نقشہ بنا رکھا تھا لیکن جب تلمبہ شہر کے مرکزی علاقے میں پہنچ کر انجم فاروق نے قدرے قدیم زمانے کے ایک دروازے کی طرف اشارہ کرتے ہوئے بتایا "یہ ہے وہ قلعہ!" تو مجھے اپنی آنکھوں پر یقین نہ آیا۔ مجھے اتنا تو اندازہ تھا کہ تلمبہ کا قلعہ لاہور یا رہتاس کے قلعوں جتنا رفیع الشان نہیں ہو گا لیکن میں سوچ بھی نہیں سکتا تھا کہ اس قلعے کی ان قلعوں کے ساتھ دُور کی نسبت بھی نہیں ہو گی۔

"اچھا! تو یہ ہے وہ قلعہ جو شریف تکلو نے تعمیر کیا تھا۔" میں نے قدرے تاسف سے کہا "لیکن سچ پوچھیں تو مجھے اس میں قلعوں والی کوئی بات نظر نہیں آ رہی۔"

"اس کی ایک وجہ شاید یہ بھی ہو" انجم فاروق نے جواباً کہا "کہ وہ قلعے جن کی دور دور

تک شہرت ہے، بادشاہانِ وقت کے خزانہ عامرہ سے تعمیر ہوئے۔ انہیں آج بھی سرکاری سرپرستی حاصل ہے اور محکمہ آثار قدیمہ ان کی بحالی کے لیے اپنی سی کوششوں میں مصروف رہتا ہے۔ یہ قلعہ ملتان سے اپنی جان بچا کر بھاگ نکلنے والے ایک معمولی صوبے دار نے محدود مقاصد کے لیے تعمیر کیا تھا۔ اندازے کے مطابق گزشتہ سوا دو سو سال میں یعنی جب سے یہ قلعہ تعمیر ہوا ہے، اس کی مرمت کی کوئی سنجیدہ کوشش بھی نہیں ہوئی۔ رہی سہی کسر ناجائز قابضین نے پوری کر دی جنہوں نے اس کے ساتھ غریب کی جورو والا سلوک روا رکھا۔ ابھی میں آپ کو قلعے کے گرد چکر لگواؤں گا تو آپ اپنی آنکھوں سے دیکھ لیں گے کہ لوگوں نے اسے برباد کرنے کے لیے اپنی طرف سے کوئی کسر نہیں چھوڑی۔"

"تاریخِ سرزمین خانیوال" میں اس قلعے کے متعلق معلومات ملتی ہیں ان کے مطابق بوقت تحریر کتاب مذکورہ فصیل کی بلندی اٹھائیس فٹ تھی جس میں سے پہلے سترہ فٹ تک اس کی چوڑائی پانچ فٹ اور باقی ماندہ دیوار کی چوڑائی صرف ڈیڑھ فٹ تھی۔ فصیل میں بارہ برج تھے، ہر دو برجوں کے درمیان پچانوے فٹ کا فاصلہ تھا اور ہر برج میں دشمن پر حملہ کرنے کے لیے بڑی تعداد میں مورچے بنے ہوئے تھے۔ جب ہم وہاں پہنچے تو صورت حال یکسر بدل چکی تھی۔ اب اس کے اکثر برج صفحہ ہستی سے مٹ چکے ہیں۔ فصیل کا کچھ حصہ تو قائم ہے جب کہ کئی مقامات پر لوگوں نے اسے گرا کر مکانات تعمیر کر لیے ہیں۔ قلعے کا مرکزی دروازہ کواڑوں سے محروم ہو چکا ہے۔ قلعے کے اندر کئی سرکاری محکموں نے اپنے اپنے دفاتر بنا رکھے ہیں اور سرکاری سطح پر اس قلعے کی بحالی کا بادی النظر میں کوئی پروگرام نہیں۔ معلوم نہیں اپنی اصل شکل میں یہ فصیل کتنی بلند تھی لیکن اب اس کی اونچائی اٹھائیس فٹ سے زیادہ نہیں۔ کہیں کہیں اس کی نیم دلانہ مرمت کے آثار بھی

ملتے ہیں۔

ہم نے قلعہ اور اس کی نواحی آبادی پر اچٹتی نگاہ ڈالی اور پھر وہ مقام دیکھنے چل دیے جہاں تلمبہ کا قدیم شہر آباد تھا۔ لیکن اب اس کی حیثیت مٹی کے ایک پہاڑ سے بڑھ کر کچھ نہیں۔ سچ بتادے دلِ مرحوم کا قصہ کیا ہے

کہا جاتا ہے، تلمبہ کا قدیم شہر جو ابتداً اپنے آباد کار، راجہ کنب کے نام پر 'کنب، یا 'کنبہ، کہلاتا تھا اور پھر 'سالاکا، کے نام سے بھی مشہور رہا، دریائے راوی کا رُخ تبدیل ہونے یا کسی نامعلوم وجہ سے اجڑ گیا۔ اس آبادی کے وسیع و عریض کھنڈروں موجودہ تلمبہ سے باہر اب بھی موجود ہیں۔ کننگھم اور اس کے بعد ایک پاکستانی ماہر آثارِ قدیمہ، ڈاکٹر محمد رفیق مغل نے ان کھنڈروں کی کھدائی کر کے اس علاقے کی تاریخ اور یہاں آباد لوگوں کے بارے میں بعض حیرت انگیز انکشافات کیے ہیں۔

ان کھنڈروں سے بر آمد ہونے والی اشیا میں ٹوٹی پھوٹی مردانہ و زنانہ مورتیاں، گھوڑوں، بیلوں اور ہاتھیوں کے بت، مختلف ادوار سے تعلق رکھنے والے سکے، خام اور پختہ دیواریں، منقش فرشوں کے کچھ ٹکڑے، کوئلہ، راکھ، نکاسئ آب کی نالیاں، مٹی کے تنور، نقش و نگار والے مرتبان اور دیگر برتن، آٹا پیسنے کی چکیاں، مٹی کے پہیے، بشمول زیورات سونے، چاندی، کانسی، تانبے اور لوہے کی بنی ہوئی مختلف النوع اشیا، نیم قیمتی پتھروں اور مٹی کے مٹکے اور بہت سی دیگر چیزیں شامل ہیں۔ ان نوادرات سے اندازہ ہوتا ہے کہ اس شہر کے باسی حد درجہ تہذیب یافتہ تھے۔

ماہرین آثارِ قدیمہ کی تحقیق کے مطابق اس شہر کے جنوب میں ایک مضبوط قلعہ تھا جس کی بیرونی فصیل دو سو فٹ بلند تھی۔ اندرونی فصیل اس سے کچھ ہی کم اونچی تھی۔ ہر دو فصیلوں کے اندر سو فٹ چوڑی خندق تھی۔ اندرونی قلعہ کی دیواریں کم و بیش چالیس

فٹ بلند تھیں۔ اس قلعے کے مرکز میں تقریباً اتنا ہی بلند ایک برج تھا جس سے تمام علاقے پر نظر رکھی جا سکتی تھی۔

اپنی موجودہ شکل میں کھنڈروں کا یہ وسیع و عریض مجموعہ فاعتبروا یا اولی الابصار۔ کی عملی تصویر بنا ہوا ہے۔ وہ عظیم الشان شہر جس پر سکندر سے لے کر تیمور تک جیسے فاتحین کی نظریں رہیں، آج مٹی کے ایک بہت بڑے ڈھیر کی صورت اختیار کر چکا ہے۔

میں نے سن رکھا تھا کہ ان کھنڈروں میں ایک غار کسی شیر کی پناہ گاہ رہی ہے۔ چنانچہ جب میں نے انجم فاروق سے یہ کچھار دکھانے کی درخواست کی تو وہ مجھے وہاں لے جانے کے لیے فوراً تیار ہو گئے۔ جب ہم کھنڈروں کے قریب پہنچے تو محمد ارشد نامی ایک شخص اتفاقاً ہمیں مل گاے۔ "تمہیں شیر والی غار کا پتا ہے؟" ہم نے اس سے سوال کیا۔

"میں تو ان کھنڈروں کے چپے چپے سے واقف ہوں۔ میں آپ کو ابھی وہاں لے چلتا ہوں" اس نے جواب دیا "دراصل میں آجڑی (گڈریا) ہوں۔ مجھے آتے جاتے ان کھنڈروں کے بیچ میں سے گزرنا پڑتا ہے۔ ایک بار میری ایک بکری اچانک غائب ہو گئی۔ میں نے اسے بہت ڈھونڈا لیکن وہ نہ ملی۔ پھر مجھے خیال آیا کہ وہ اس غار کے اندر نہ چلی گئی ہو۔ چنانچہ میں ہمت کر کے اس کے پیچھے پیچھے چلا گیا۔" "اندر تو گھپ اندھیرا ہو گا؟"

"جی مکمل تاریکی تھی۔ غار اتنی تنگ تھی کہ میں کھڑا بھی نہیں ہو سکتا تھا۔ بہر حال اکڑوں بیٹھ کر تقریباً رینگتا ہوا کوئی پچاس ساٹھ فٹ اندر گیا ہوں گا کہ مجھے بکری کے منمنانے کی آواز آئی۔ میں نے قدم بڑھا کر اسے پکڑا تو معلوم ہوا کہ وہ اینٹوں کی ایک دیوار کے ساتھ لگی ہوئی ہے۔ میں نے اُسے کان سے پکڑا اور کھینچ کر باہر لے آیا۔"

"تمہیں خوف تو نہیں آیا؟"

"میں گھبرایا ہوا تو تھا لیکن اگر بکری نہ ملتی تو میرا بہت نقصان ہو جاتا۔ میرا روزگار

جو یہی ہوا۔ خدا کا شکر ہے، اندر کسی جانور نے مجھے نہیں پکڑا اور نہ کسی کیڑے مکوڑے نے کاٹا۔ "" ہو سکتا ہے جس دیوار کی تم بات کر رہے ہو، اس کے پیچھے کوئی خزانہ ہو۔"

"مجھے کیا پتا جی؟ اس وقت تو مجھے اپنی جان کے لالے پڑے ہوئے تھے اس لیے جوں ہی بکری میرے ہاتھ آئی میں نے کلمہ شکر پڑھا اور باہر نکل آیا۔" ہم اتنی دیر میں غار کے دہانے پر پہنچ چکے تھے۔ ارشد کہنے لگا: "چھوڑیں جی خزانے کو یہ بتائیں کہ آپ یہ غار اندر سے دیکھنا چاہیں گے؟" "نہیں یار، تم نے خود ہی ساری تفصیل بتا دی ہے۔ اس کے بعد اندر دیکھنے والی کون سی چیز رہ گئی ہے۔"

"ایسی ایک غار اور بھی ہے۔"

"وہ بھی دکھادو۔ ہم نے کون سا بار بار یہاں آنا ہے۔"

کچھ ہی دیر میں ہم اسی طرح کی ایک اور غار کے دہانے پر کھڑے تھے۔ واپسی کے دوران ہم نے اس جیسی ایک دو مزید غاریں دیکھیں تو مجھے یقین ہو گیا کہ یہ غاریں دراصل وہ سرنگیں ہیں جو آثارِ قدیمہ والوں نے ان کھنڈروں پر تحقیق کے دوران کھودی ہوں گی لیکن بعد میں جنگلی جانوروں کی پناہ گاہیں بن گئیں۔ "تم نے ہمیں غار تو دکھا دی لیکن یہ نہیں بتایا کہ تم نے خود بھی یہاں کوئی شیر دیکھا ہے؟" انجم فاروق نے پوچھا۔ "توبہ کریں جی، ہو سکتا ہے کسی زمانے میں کوئی شیر یہاں رہتا ہو۔ اب تو ہر طرف گیدڑ ہی نظر آتے ہیں۔" ارشد نے جواباً کہا۔ "اس بھڑ کے بارے میں کوئی اور بات سناؤ۔"

"بھڑ کے بارے میں یوں تو کئی کہانیاں مشہور ہیں لیکن ان کی حقیقت صرف اللہ تعالیٰ ہی جانتا ہے۔" "پھر بھی!"

"کہتے ہیں اس بھڑ (ویران جگہ) میں ایک ریچھ رہا کرتا تھا۔ رات کے وقت وہ باہر نکلتا اور شکار کی تلاش میں کبھی کبھار انسانی آبادیوں کا رُخ بھی کر لیتا۔ کسی گاؤں میں ایک

بہت خوبصورت لڑکی رہتی تھی۔ ریچھ کی نظر پڑی تو اس پر عاشق ہو گیا۔ لڑکی کے والدین کو ریچھ کی حرکتوں سے اس کی نیت پر شک ہو گیا چنانچہ انہوں نے لڑکی کی حفاظت کے لیے خاص اہتمام کرنا شروع کر دیا۔ ایک دن ریچھ موقع پا کر اسے اٹھا کر اپنی کچھار میں لے گیا۔ لڑکی کے لواحقین کو سخت تشویش ہوئی، وہ ہتھیار لے کر اس کے پیچھے پیچھے پہنچ گئے۔ جب ریچھ بے خبری میں باہر نکلا تو انہوں نے یک بارگی اس پر حملہ کر کے مار ڈالا۔" "اس لڑکی کا کیا ہوا؟"

"بعد میں وہ لڑکی بازیاب ہو گئی لیکن اس کی حالت بہت خراب ہو چکی تھی۔ اس زمانے میں علاج معالجے کی سہولتیں بھی میسر نہ تھیں چنانچہ وہ کچھ ہی دیر بعد اللہ کو پیاری ہو گئی۔" راستے میں ہمیں سکول سے واپس جاتے ہوئے کچھ بچے مل گئے۔ ان کے گاؤں کا راستہ ان ہی کھنڈروں میں سے ہو کر جاتا تھا۔ "تم نے کبھی یہاں کوئی جنگلی جانور دیکھا ہے؟" میں نے ان سے پوچھا۔ "کبھی کبھار سانپ، سیہ یا گیدڑ نظر آ جاتا ہے اور بس۔"

"یہ بچے بھی ٹھیک کہتے ہیں" اب ارشد ہم سے مخاطب تھا" لیکن میں نے اپنے والد سے سن رکھا ہے کہ اس بھڑ میں ایک بہت بڑا اژدھا رہا کرتا تھا۔ اتنا موٹا اور لمبا کہ آپ تصور بھی نہ کر سکیں۔" "تم نے یہ اژدھا خود دیکھا ہے؟"

"نہیں۔ لیکن والد صاحب بتایا کرتے تھے کہ یہ اژدھا نہیں بلکہ درویش ہے جو جمعرات کی جمعرات ماموں شیر کو سلام کرنے جاتا ہے۔ لوگ کہتے ہیں کہ اب یہ اژدھا مستقل طور پر وہیں رہتا ہے۔" "ماموں شیر!" میرے لیے یہ نام بالکل نیا تھا اس لیے میں نے قدرے حیرت سے اس کے منہ کی طرف دیکھا اور پوچھا" وہ کون ہیں؟" "کمال ہے، آپ نے ان کا نام نہیں سنا۔ وہ تو علاقے کے مانے ہوئے بزرگ ہیں۔" انجم فاروق نے کہا۔ "اژدھا ان کی خانقاہ کے پاس واقع قبرستان میں رہتا ہے۔" ارشد نے ہماری

معلومات میں مزید اضافہ کیا۔

"میں اپنے بچپن میں ایک بار یہاں آیا تھا۔ تب سے دوبار حاضری کی خواہش رہی لیکن اس طرح کبھی آنا ہی نہیں ہوا" انجم فاروق نے کہا "کیوں نہ آج وہاں سے بھی ہو آئیں۔" "کیوں نہیں۔ آپ کے ساتھ میں بھی ان کے مزار پر فاتحہ خوانی کر لوں گا۔"

ماموں شیر کا مزار ان کھنڈروں کے قریب ہی واقع ہے اور پختہ سڑک وہاں تک جاتی ہے۔ چنانچہ ہم بغیر کسی تکلیف کے منٹوں میں وہاں پہنچ گئے۔

***

ماموں شیر کا دربار

محمد داؤد طاہر

بتایا جاتا ہے کہ حضرت ماموں شیر (رح) کا اصل نام شیر شاہ تھا۔ وہ سید علی ہجویری المعروف حضرت داتا گنج بخش رحمۃ اللہ علیہ کے ماموں تھے۔ اسی لیے ماموں شیر کے لقب سے مشہور ہوئے۔ وہ داتا گنج بخش (رح) کے ساتھ ہی ترکِ وطن کر کے لاہور آئے تھے۔ یہاں پہنچ کر داتا گنج بخش (رح) نے تو زبان و قلم کو ذریعہ تبلیغ بنایا، لیکن ماموں شیر تلوار کے دھنی تھے اور اس کی مدد سے کفر و شرک کے خلاف جہاد کرنا چاہتے تھے۔ مشرکینِ ہند کے ساتھ پھر کئی معرکے ہوئے۔ لالہ حکم چند کے بیان کے مطابق ایسی ہی ایک لڑائی میں آپ لاہور میں شہید ہوئے، لیکن سر بریدہ کیفیت ہی میں گھوڑے پر سوار میر پور کہنہ چلے آئے۔ وہ ایک کنوئیں پر اپنے گھوڑے کو پانی پلانے کھڑے ہوئے۔ گاؤں کی عورتیں پانی بھرنے آئی ہوئی تھیں۔ ایک سر بریدہ شخص کو گھوڑے پر سوار دیکھ کر ٹھٹھہ کرنے لگیں۔ ماموں شیر (رح) نے ناراض ہو کر بد دعا دی جس کے نتیجے میں یہ بستی تباہ ہو گئی اور آپ بھی اسی جگہ غائب ہو گئے۔ 'تاریخ سرزمین خانیوال، کے مصنف نے اس واقعہ میں حقیقت کا رنگ بھرنے کی کوشش کی ہے۔ ان کا کہنا ہے کہ ماموں شیر (رح) زخمی حالت میں یہاں پہنچے تھے۔ عورتوں کے تمسخر پر اُن کی بد دعا سے وہ مقام تباہ ہو گیا۔ اس کے فوراً بعد آپ کی بھی وفات ہو گئی۔

کہا جاتا ہے کہ آپ کا مزار حاکم وقت نے تعمیر کرایا تھا۔ اس مزار میں کوئی قابل بیان تعمیراتی خوبی نہیں۔ یوں سمجھ لیجیے کہ ایک سادہ سی گنبد دار عمارت میں دو قبریں ہیں۔ آپ کے ساتھ غالباً آپ کے صاحبزادے، محمود شاہ بخاری (رح) محوِ خواب ہیں۔ مزار کے ماتھے پر ایک بورڈ آویزاں ہے جس پر مدفونین کی شان میں دو بے وزن اشعار درج ہیں۔

مدتِ نامعلوم سے ہر سال چیت کی بیس تاریخ کو آپ کا عرس منایا جاتا ہے۔ انیسویں صدی کے آخری ربع میں بھی یہ ایک بڑا میلہ ہوتا تھا۔ لالہ حکم چند کا کہنا ہے کہ اس موقع پر 'چار پانچ ہزار آدمی جمع ہو جاتے. تیس پینتیس دکاناتِ حلوائیاں، دو تین دکان بزازان اور چند دکان بسطیاں لگتی ہیں۔" وہ مزار پر نقد و جنس کی شکل میں پیش کیے جانے والے چڑھاووں کا ذکر کرتے ہوئے یہ بھی بتاتے ہیں کہ "دکاندار ایک ایک پیسہ نقد اور میٹھی شیرینی مجاوروں کو دیتے ہیں۔"

جب ہم وہاں پہنچے تو مزار پر زائرین کا بے پناہ ہجوم تھا. اتنا کہ مزار کی طرف بڑھتے ہوئے ہمارے قدم خود بخود رک گئے۔ بالآخر ہمیں کسی سے پوچھنا پڑا کہ کیا وہ دن صرف زائرات کے لیے تو مخصوص نہیں تھا؟ اس اطمینان کے بعد کہ یہ معمول کی بات ہے، ہم ہجوم چیرتے ہوئے بمشکل مزار کے اندر داخل ہو کر فاتحہ خوانی کر سکے۔

اکثر مزارات کی طرح اس مزار پر بھی دعا کرنے والے کم لیکن نذر نیاز میں سے اپنا حصہ وصول کرنے والے بہت تھے۔ تھوڑی دیر بعد کوئی شخص مٹھی بھر مکھانے وہاں اکٹھے ہو جانے والے بچوں کی طرف پھینکتا تو ان کے ایک ایک دانے پر بیک وقت کئی کئی بچے ٹوٹ پڑتے۔ لیکن دانہ کسی قسمت والے کے ہاتھ ہی آتا۔ بسا اوقات تو دانہ جھپٹا مارنے والے کسی بچے کے پاؤں تلے آکر مسلا جاتا، لیکن بچے اسے کب چھوڑنے والے

تھے، وہ اس کا چورہ بھی اٹھا کر ہڑپ کر جاتے۔

عورتیں مزار کی چوکھٹ کو فرطِ عقیدت سے چوم رہی تھیں۔ ڈھول والے نے آسمان سر پر اٹھایا ہوا تھا۔ صحن مزار کے دروازے پر ہار مونیم پر بیٹھا قوال اپنی دیہاڑی لگانے کے چکر میں تھا۔ ہم نے قوال سے ماموں شیر کی مدح میں دو چار چیدہ چیدہ اشعار سنانے کی فرمائش کی۔ وہ بے چارہ شاید کسی ایسے ہی موقع کا منتظر تھا لیکن ڈھول والے نے اس کی ایک نہ چلنے دی۔ وہ اتنی زور سے ڈھول پیٹ رہا تھا کہ کان پڑی آواز سنائی نہ دیتی تھی۔

اس دھما چوکڑی کے باعث ہمارے لیے وہاں زیادہ دیر ٹھہرنا ممکن نہ تھا لہٰذا ہم جلد ہی میاں چنوں واپس آ گئے۔ مرنے ہمراہی، انجم فاروق تو وہیں رک گئے البتہ میں اپنے ایک اور دوست، کرامت کے ساتھ کچا کھوہ کے راستے عبدالحکیم جا نکلا۔

اس قصبے کی آبادکاری اسی نام کے ایک بزرگ کی مرہونِ منت ہے۔ ان کے مزارِ پُر انوار پر بھی ہر وقت عقیدت مندوں کا ہجوم رہتا ہے۔

تاجدارِ صفیا عبدالیمر

روایت کے مطابق میاں عبدالحکیم (رح) کے والد غلام علی پارچہ شوئی اور رنگ ریزی کا کام کرتے تھے۔ وہ اپنے زمانے کے ولی کامل، حاجی رحمت اللہ کے پارچہ جات بھی دھویا کرتے تھے۔ جب کبھی غلام علی دھلے ہوئے پارچہ جات حاجی رحمت اللہ کو لوٹانے جاتے تو وہ اٹھ کر ان سے ملتے۔ ایک بار ان کے عقیدت مندوں میں سے کسی نے ان کے اس طرزِ عمل پر تعجب کا اظہار کیا۔ انہوں نے انکشاف کیا کہ وہ موصوف کے ہاں ایسا

فرزند پیدا ہوتا دیکھ رہے ہیں جو مقامِ ولایت پر فائز ہو گا لہٰذا وہ انہیں بے حد احترام کا مستحق سمجھتے ہیں۔

'مرقع ملتان، کے مصنف سید محمد اولاد علی گیلانی نے میاں عبد الحکیم (رح) کے حالاتِ زندگی بیان کرتے ہوئے ایک روایت بھی نقل کی ہے۔ اس کے مطابق آپ کی پیدائش کے وقت کچھ حجاج کرام آپ کے والد بزرگوار کے پاس تشریف لائے۔ انہوں نے ایک لوٹا، جائے نماز اور تسبیح پیش کرتے ہوئے یہ وضاحت کی وہ یہ سب چیزیں 'بموجبِ بشارت، نومولود کے لیے مکہ معظمہ سے تحفتاً لائے ہیں۔ میاں عبد الحکیم (رح) بچپن ہی سے دنیاوی امور سے لاتعلق سے رہتے تھے۔ ہوش سنبھالنے کے بعد تو گویا عبادت و ریاضت میں منہمک ہو کر رہ گئے۔ آپ کے والد بوڑھے ہو گئے تھے۔ ان کے لیے اپنا ذریعہ معاش جاری رکھنا مشکل ہو رہا تھا لیکن ان کے پرانے گاہک کسی اور دھوبی یا رنگ ریز کے پاس جانے کو تیار نہ ہوتے۔ جب وہ زیادہ ضعیف ہو گئے اور وعدے کے مطابق لوگوں کو ان کے پارچہ جات نہ لوٹا سکتے تو وہ شکوہ کرتے۔ آپ کے والد یہی کہتے کہ ان کی صحت اب اس کام کی اجازت نہیں دیتی لیکن وہ بیٹے کی عدم دلچسپی کے باعث تنہا یہ کام کرنے پر مجبور ہیں، لہٰذا ایسا اوقات پارچہ جات وعدے کے مطابق لوٹا نہیں پاتے۔ سعادت مند بیٹے نے ایک بار یہ بات سن لی تو اپنے والد بزرگوار سے پوچھا، انہوں نے کتنے لوگوں کے کپڑے لوٹانے ہیں؟ ضعیف باپ نے بتایا کہ پانچ سو کپڑے مختلف رنگوں میں رنگنے ہیں۔ میاں عبد الحکیم نے یہ سب کپڑے ایک ہی بار پانی میں ڈال دیے۔ خدا کی شان دیکھیے، جو پارچہ باہر نکالا جاتا وہ حسبِ منشار نگا ہوا ہوتا۔ آپ کے والد بزرگوار نے یہ منظر دیکھا تو دل سے اپنے بیٹے کے مقامِ روحانی کے قائل ہو گئے اور دنیا سے ان کی بے رغبتی کے متعلق اپنے تمام گلے شکوے بھلا دیے۔

کہا جاتا ہے کہ پہلے آپ کی رہائش لبِ دریائے بیاس تھی۔ پھر موضع ملکا میں آ گئے۔ وہاں سے اُٹھ کر دریائے راوی کے کنارے آئے اور پھر چک سراجہ میں آکر آباد ہو گئے۔ قصبہ عبدالحکیم آپ ہی کے نام پر آباد ہوا۔

میاں عبدالحکیم (رح) ڈاکٹر ستار کے گھر کے قریب ایک بلند و بالا قبے کے نیچے دفن ہیں۔ قبے کے اندر ادنیٰ قسم کے نقش و نگار ہیں۔ موصوف کے ساتھ ہی ان کے صاحبزادے، عبدالخالق دفن ہیں۔ دونوں قبریں جو ایک ساتھ جڑی ہوئی ہیں، ایک اطلسی چادر سے ڈھکی رہتی ہیں۔

مزار پر آویزاں تختیوں میں سے ایک پر آپ کی یہ کرامت بطورِ خاص درج ہے کہ اس دور کے ہندوستانی بادشاہ نے دلی میں ایک مسجد بنوائی مگر بعد میں پتا چلا کہ اس کا رخ درست نہیں۔ یہ صورت حال بادشاہ کے علم میں لائی گئی تو وہ بہت پریشان ہوا۔ آخر کار صلاح یہ ٹھہری کہ کسی صاحب کمال سے رجوع کیا جائے۔

دہلی کے اندر ایک مجذوب رہتے تھے۔ انہوں نے میاں عبدالحکیم (رح) سے رابطے کا مشورہ دیا چنانچہ بادشاہ نے عبدالوہاب نامی ایک شخص کو آپ کے پاس بھجوایا۔ آپ اس کی بات سن کر اُٹھے، ایک کپڑا دھو کر نچوڑا اور فرمایا کہ مسجد سیدھی ہو چکی ہے۔ روایت کے مطابق عبدالوہاب نے کپڑا نچوڑنے کا وقت نوٹ کر لیا اور دلی پہنچ کر معلوم کیا تو تصدیق ہو گئی کہ عین اُسی وقت مسجد کی سمت خود بخود درست ہو گئی تھی۔ دوسری تختی پر ڈاکٹر سید اقبال حیدر بخاری کا میاں عبدالحکیم کی شان میں منظوم نذرانہ عقیدت آویزاں ہے۔

مزار کے صدر دروازے پر اطلاع عام کے طور پر یہ تحریر درج تھی "ہڈی کی گولی دربار شریف پر ملتی ہے۔" مجھے اس گولی کے بارے میں تجسس ہوا میاں عبدالحکیم (رح)

کے ایک خلیفہ، عبدالخالق نے بتایا "یہ سلطان عبدالحکیم (رح) کی خاص دین اور ہر اس شخص کے لیے سود مند ہے جس کی کوئی ہڈی ٹوٹی ہوئی ہو۔" اور پھر وضاحت کی "یہ گولی ہڈی کے اپنی جگہ بیٹھ جانے کے بعد جوڑ کی پختگی کے لیے تجویز کی جاتی ہے۔ اس کے تین دن استعمال سے ہڈی بفضلہ تعالیٰ پورے طور پر جُڑ جاتی ہے۔"

"گولی کا آپ کچھ نذرانہ بھی وصول کرتے ہیں؟" میں نے پوچھا۔

"صرف تیس روپے۔ یہ رقم بھی ہم کسی ذاتی مصرف میں نہیں لاتے بلکہ شہر کی ایک مسجد کو دے دیتے ہیں۔"

موضع بغداد میں

بتایا جاتا ہے کہ شاہ حبیب اللہ (رح)، سید فتح اللہ شاہ (رح) کے بیٹے تھے۔ وہ سید عبدالقادر جیلانی کی اولاد میں سے اور بغداد شریف کے رہنے والے تھے۔ سید فتح اللہ شاہ (رح) اپنے وطن میں صاحب کرامات مشہور تھے۔ شاہ حبیب (رح) نے ابتدائی تعلیم و تربیت ان ہی سے حاصل کی جس کے بعد سید عبدالقادر جیلانی (رح) کے مزار پر بارہ سال کا طویل عرصہ چلہ کشی میں گزارا۔ تب انہیں حکم ہوا کہ وہ ہندوستان کے اس علاقے میں بغداد کے نام سے ایک نیا موضع آباد کریں اور اسی میں رہائش رکھیں تاکہ جو لوگ بوجہ دوری عراق کے شہر بغداد نہیں آسکتے، شاہ حبیب (رح) کے پاس حاضر ہو کر اُسی درجہ ثواب حاصل کر سکیں۔ انہوں نے اس حکم کی فوری تعمیل کر دی۔

یہاں آنے کے بعد انہوں نے طویل عرصہ گوشہ تنہائی.ں.مد گزارا جس کے بعد ان کی شہرت دور و نزدیک تک پھیل گئی۔ لوگ بکثرت ان کے پاس حاضر ہونے لگے۔ ایک

روایت یہ بھی ہے کہ جب شاہ حبیب یہاں تشریف لائے تو یہ علاقہ ایک رئیس، لشکر خان کی عملداری میں تھا۔ اس نے انہیں یہاں رہنے کی اجازت نہ دی۔ خدا کا کرنا یہ ہوا کہ ان ہی دنوں اس کا ایک بیٹا اتنا شدید بیمار ہو گیا کہ اس کی جان کے لالے پڑ گئے۔ کسی نے اسے شاہ حبیب سے دعا کی درخواست کرنے کو کہا۔ یہ دعا قبول ہوئی اور بیٹے کو گویا نئی زندگی نصیب ہو گئی۔ یوں وہ آپ کا مرید ہو گیا اور اس نے یہ پورا گاؤں آپ کی نذر کر دیا۔ مشہور ہے، حضرت سلطان باہو (رح) بیعت کرنے آپ ہی کے پاس حاضر ہوئے تھے مگر آپ نے انہیں سید عبدالرحمن سے رابطے کا مشورہ دیا۔ مصنف 'تاریخ سرزمین خانیوال، کے الفاظ میں "لاجونتی راما کرشنا نے اپنی کتاب 'پنجابی شاعراں دا تذکرہ، میں لکھا ہے کہ یہی شاہ حبیب اللہ (رح)، سلطان باہو (رح) کے مرشد تھے۔" آپ کی ایک مشہور کرامت یہ بیان کی جاتی ہے کہ ایک سوداگر نے اعلیٰ نسل کی ایک گھوڑی شاہجہان کی خدمت میں پیش کی۔ بادشاہ نے اسے بہت پسند کیا اور افسر خزانہ کو حکم دیا کہ گھوڑی کی قیمت کے طور پر ایک خطیر رقم سوداگر کو ادا کر دی جائے۔ اس بد دیانت اہلکار نے ادائیگی میں لیت و لعل سے کام لیا اور بالآخر اسے حیلے بہانے سے شہر بدر کر دیا۔ وہ بیچارہ قسمت کا مارا کئی لوگوں کے پاس گیا تا کہ اس اہلکار سے اپنی رقم وصول کرنے کے لیے مدد حاصل کر سکے لیکن اس کی مراد کہیں بر نہ آئی۔

ایک ہمدرد کے مشورے پر اس نے شاہ حبیب (رح) کی خدمت میں حاضر ہو کر سارا ماجرا بیان کیا۔ وہ سوداگر کی بپتا سن کر مضطرب ہو گئے۔ انہوں نے اسی رات سوئے ہوئے شاہجہان کو اس کی چارپائی سمیت بغداد میں حاضر کر لیا۔ جب وہ شاہ حبیب (رح) کے سامنے دست بستہ کھڑا ہوا تو انہوں نے اس کی سخت فہمائش کی۔ اس نے اپنی کوتاہی کا اعتراف کیا اور رقم کی فوری ادائی کا وعدہ کر لیا بشرطیکہ سوداگر اس کے دربار میں حاضر ہو

جائے۔ جب سوداگر نے طوالتِ سفر کا رونا رویا تو شاہ حبیب (رح) نے اس پر مہربانی کرتے ہوئے اسے چارپائی کا پایہ پکڑ کر آنکھیں بند کرنے کا حکم دیا۔ جب اس کی آنکھ کھلی تو وہ شاہجہان کے ساتھ ہی دہلی پہنچ چکا تھا۔

شاہ حبیب (رح) موضع بغدادہی میں ایک بلند وبالا قبے کے نیچے دفن ہیں جس کے اندر ادنیٰ قسم کے نقش و نگار ہیں۔ قبر مزار کے وسط میں لکڑی کی ایک ضریح کے اندر ہے۔ ارد گرد کچھ اور لوگ دفن ہیں۔ مزار کی دیوار پر سید محمد ظفر نامی ایک شاعر (جو خود کو "سگ درگاہِ حبیب، کہلانا پسند کرتے ہیں) کی طرف سے صاحب مزار کی شان میں پنجابی زبان میں ایک نظم آویزاں کی گئی ہے۔ اس کا پہلا شعر ہے: ایہ دوارہ حبیب گیلانی دا، جتھے نور دی پئی برسات ہوندی

وسے چھم چھم رحمت رب دی پئی، بھانویں دن ہوندا بھانویں رات ہوندی

میں اپنے دوستوں کرامت اور اسلم کے ساتھ شاہ حبیب (رح) کے مزار پر فاتحہ کے بعد باہر نکل رہا تھا کہ ناگاہ ہماری نظر صحنِ مزار میں ایک چٹائی پر بیٹھی دو خواتین پر پڑ گئی۔ ان کے قریب ہی ایک جاں بلب نوجوان عالمِ بے چارگی میں الگ چٹائی پر لیٹا تھا۔ مجھے تعجب ہوا کہ یہ لوگ اس بے سروسامانی کے عالم میں یہاں کیوں بیٹھے ہیں۔ چنانچہ میں نے ان سے سوال کیا کہ وہ کہاں سے آئے اور یہاں کیا کر رہے تھے؟

"ہم سندھیلیاں والی سے ہیں" ایک خاتون نے جواب دیا "یہ بچہ جس کا نام وارث ہے میرا بیٹا ہے۔ اچھا بھلا تھا لیکن نہ جانے کیوں دنوں میں سوکھ کر کانٹا ہو گیا۔ ہم نے اسے کئی ڈاکٹروں کو دکھایا۔ وہ کہتے ہیں کہ اسے پٹھوں کی کوئی ایسی بیماری ہے جس کا ان کے پاس علاج نہیں۔ ہم کچھ ایسے لوگوں کو جانتے ہیں جن کے ایسے ہی نحیف و نزار مریض اس درگاہ کی برکت سے بالکل ٹھیک ہو گئے۔ ان کی دیکھا دیکھی ہم بھی وارث کو

یہاں لے آئے۔ آپ دعا کریں اللہ ہماری مشکل کاٹ دے اور یہ بچہ کسی طرح ٹھیک ہو جائے۔" ہم حسب فرمائش دعا مانگ کر باہر نکل آئے۔

ایک زمانے میں اس گاؤں کے نٹ اپنے کمالِ فن کی وجہ سے پورے پنجاب میں مشہور تھے۔ وہ موسیقی، گلوکاری، ڈرامہ اور جگت بازی میں اپنا کوئی ثانی نہیں رکھتے تھے اور میلوں ٹھیلوں میں خوب رنگ جماتے۔ میں نے کسی کتاب میں پڑھ رکھا تھا کہ شاہ حبیب کے ایک عرس کے موقع پر ان دنوں کا حاکم ملتان، دیوان ساون مل بھی یہاں آیا تھا۔ نٹوں کو دیوان ساون مل کی آمد کا پتا چلا تو وہ بھی آ پہنچے اور جگت بازی کرنے لگے۔ اسی دوران آسمان پر سیاہ بادل چھا گئے۔ اچانک بادل زور سے گرجا تو نٹوں کے ہاتھ ایک نیا موضوع آ گیا۔ انہوں نے فی البدیہہ یہ اشعار سنا کر محفل پر سناٹا طاری کر دیا:

لکھ لعنت ہے ساون نوں
گجے تے کڑھکے لوکاں دے سناون نوں
گھر وِچ بھکھ تے باہر لوگ رجاون نوں
لکھ لعنت ہے ساون نوں

دیوان نے ان اشعار میں چھپا طنز محسوس تو کر لیا لیکن موقع کی نزاکت کے پیش نظر کسی سخت رد عمل کے اظہار سے اجتناب کیا بلکہ الٹا نٹوں کو انعام و کرام سے نواز کر اس واقعے کو خوبصورت موڑ دے دیا۔ جب اس حوالے سے مزار کے دیرینہ خادم، نذیر سے بات ہوئی تو اس نے بتایا "ہاں! میں نے بھی اپنے بزرگوں سے یہ واقعہ سن رکھا ہے۔ اگرچہ میرے علم کے مطابق اس کی جزئیات قدرے مختلف ہیں۔"

اب ہماری منزل سیتا کنڈ تھی۔ سیتا کنڈ سے مراد کیا ہے، یہ جاننے کے لیے آپ کو چند لمحے انتظار کرنا ہو گا۔

وقت کیا بدلا کہ بدلے رنگ سارے

ہندو روایات کے مطابق رام چندر جی اور ان کی بیوی سیتا اپنے بن باس کے زمانے میں تیر تھ یاترا کرتے ہوئے ایک بار اس علاقے میں آئے تھے۔ اس مقام پر جسے بعد میں سیتا کنڈ کہا جانے لگا، رام چندر جی دریا میں داخل ہوئے اور اشنان کرتے ہوئے اس مقام تک جا پہنچے جس کے لیے اب رام چوترہ کا نام مستعمل ہے۔ رام چندر جی کی واپسی تک سیتا جی اسی مقام پر بیٹھی رہیں۔ بعد کے کسی زمانے میں اس جگہ جہاں سیتا جی بیٹھی تھیں، ایک مندر بنا دیا گیا۔

لالہ حکم چند اپنی کتاب 'تواریخ ملتان' میں رقم طراز ہیں کہ دریائے راوی یہاں سے لے کر رام چوترہ تک کا فاصلہ تقریباً خط مستقیم میں طے کرتا ہے۔ ہندو اسے رام چندر جی کی کرامت گردانتے ہیں جب کہ مسلمان اس حقیقت کی اور توجیہہ پیش کرتے ہیں۔ فاضل مصنف کے الفاظ میں 'ہندو بیان کرتے ہیں کہ جب رام چندر جی سیتا کنڈ پر کپڑے اتار کر اشنان کرتے ہوئے متصل رام چوترہ کے آئے تو پھر کر سیتا کی طرف دیکھا۔ ان کے دیکھنے سے دریا سیدھا ہو گیا تا کہ رام چندر جی کی نگاہ سیتا تک بآسانی پڑ سکے۔ مسلمانوں کا قول ہے کہ پہلے دریائے راوی اس جگہ سے بے ٹکانہ بہتا تھا۔ ادھر ادھر پانی پھیل جاتا۔ ہمایوں بادشاہ نے حسب درخواست زمینداران سیتا کنڈ سے رام چوترہ تک نہر بصرف شاہی کھود کر دریا کو اس میں جاری کیا اور کنارے پر واسطے مضبوطی کے درخت بکثرت لگوائے۔"

ہندوؤں یا مسلمانوں کے دعویٰ کی تفصیل میں جائے بغیر یہی عرض ہے کہ سیتا کنڈ کے مقامی لوگ اس حقیقت کا اعتراف کرتے ہیں ان دو مقامات کے درمیان واقع دریا کا حصہ واقعی سیدھا ہے اور اس کے اطراف میں کھجور، بوہڑ اور شیشم کے درخت بکثرت ہیں۔

میں، کرامت اور اسلم یہی منظر دیکھنے سیتا کنڈ پہنچے۔ لیکن سچ پوچھیں تو جوڑیاں پل سے ڈیری اور پھر وہاں سے سیتا کنڈ کا تقریباً تین کلو میٹر طویل راستہ بالکل کچا اور کیچڑ سے اٹا پڑا تھا۔ ہم کار میں سفر کر رہے تھے جب کہ حقیقتاً اس سفر کے لیے کوئی جیب ہی موزوں تھی۔ لیکن اللہ بھلا کرے ہمارے ڈرائیور لیاقت علی کا کہ وہ خدا کے فضل اور اپنی مہارت کے بل بوتے پر گاڑی کو اس خطرناک راستے سے بھی بہ آرام نکال لے گیا۔

سیتا کنڈ کے قریب پہنچے تو ہماری ملاقات محمد نواز سے ہوئی جو اپنے جانوروں کے لیے چارہ کاٹ رہا تھا۔ اس نے کام چھوڑ کر ہمارا استقبال کیا اور ہمارے ایک سوال کے جواب میں بتایا: "آپ بالکل صحیح جگہ پر پہنچے ہیں۔ وہ جگہ جسے سیتا کنڈ کہا جاتا ہے، بوہڑ کے اس درخت کے نیچے ہے۔"

فی الوقت وہاں پر ایک خستہ حال کمرے کے علاوہ کوئی چیز نہیں۔ "یہی تو وہ مندر ہے" نواز نے بتایا جو ہمارے ساتھ ہی چل پڑا تھا "اس کے گرد چار دیواری ہوا کرتی تھی جس میں ایک کنواں، تالاب اور پجاری کا مکان ہوا کرتا تھا۔ میں تو قیام پاکستان کے وقت بہت چھوٹا تھا اس لیے کہہ نہیں سکتا کہ مندر اندر سے کیسا تھا۔ لیکن چار دیواری، کنواں، تالاب اور کوارٹر تو میرا دیکھا بھالا ہے۔ یہ سب چیزیں آہستہ آہستہ ختم ہوئی ہیں۔ چونکہ ہمارے لیے کوئی اہمیت نہ رکھتی تھیں لہٰذا کسی نے اِن کی پروانہ کی۔"

***

ایک دلچسپ سفرنامہ

پاکستان میں بہتی دوستی کی سرسوتی

مصنف: پریم چند گاندھی

بین الاقوامی ایڈیشن منظر عام پر آ چکا ہے